edition suhrkamp

Nelly Sachs, geboren am 10. Dezember 1891 in Berlin, lebt heute in Stockholm. Sie erhielt folgende Preise: Literaturpreis des Bundesverbandes der deutschen Industrie 1959, Meersburger Droste-Preis 1960, Nelly-Sachs-Preis der Stadt Dortmund 1961. Lyrik: *Fahrt ins Staublose*. Stücke: *Zeichen im Sand / Die szenischen Dichtungen*. Übersetzungen aus dem Schwedischen.

Nelly Sachs' Mysterienspiel vom Leiden Israels *Eli* ist ein Gleichnis für die »nächtliche Welt, in der immer die Unschuld das Opfer ist«; es wurde geschrieben nach der Flucht der Dichterin aus Deutschland und setzt den Opfern des Terrors ein in der neuen deutschen Literatur einzigartiges Denkmal. Außerdem versammelt dieser Band die lyrischen Werke *In den Wohnungen des Todes* und *Sternverdunkelung*, Teile einer großen poetischen Klage in verlorener Zeit, Erinnerungen an die Leiden derer, die in den Wohnungen des Todes: in den Konzentrationslagern und in den Gefängnissen Deutschlands verschollen sind.

»Es gibt zahlreiche Dichtungen über den Untergang der sechs Millionen Juden im Dritten Reich. Keine davon kann sich messen mit *Eli*, *In den Wohnungen des Todes* und *Sternverdunkelung*. Man wird Nelly Sachs immer als die große Dichterin jüdischen Schicksals rühmen.« *Walter A. Berendsohn*

Nelly Sachs
Das Leiden Israels
Eli
In den Wohnungen des Todes
Sternverdunkelung
Nachwort von Werner Weber

Suhrkamp Verlag

edition suhrkamp 51
1.– 10. Tausend 1964
Die Zusammenstellung erfolgte für die edition suhrkamp. Für *Eli* © Suhrkamp Verlag, Frankfurt am Main 1962; für *In den Wohnungen des Todes* Copyright 1946 by Aufbau-Verlag GmbH, Berlin; für *Sternverdunkelung* Copyright 1949 by Berman-Fischer/Querido Verlag N.V., Amsterdam. Printed in Germany. Alle Rechte vorbehalten, insbesondere das der Übersetzung, des öffentlichen Vortrags und des Rundfunkvortrags, auch einzelner Abschnitte. Das Recht der Aufführung für *Eli* ist nur vom Suhrkamp Verlag in Frankfurt am Main zu erwerben; den Bühnen und Vereinen gegenüber als Manuskript gedruckt. Satz, in Linotype Garamond, Druck und Bindung bei Georg Wagner, Nördlingen. Gesamtausstattung Willy Fleckhaus.

Eli

Ein Mysterienspiel vom Leiden Israels

PERSONEN

Eine Wäscherin
Eine Bäckerin
Samuel
Mehrere Maurer
Jossele
Mehrere Mädchen
Michael
Hausierer Mendel
Eine Frau
Ein Mann
Ein Scherenschleifer
Ein Verwachsener
Ein blindes Mädchen
Ein Spielmann
Eine junge Frau
Eine Schar von Betern
Ein Mann mit einem Spiegel

Dajan
Ein Bettler
Ein Rabbiner
Eine alte Frau
Ein alter Mann
Ein Zimmermann
Ein Gärtner
Ein Wesen
Ein Bauer
Ein Lehrer
Ein Schuhmacher
Seine Frau
Ein Briefträger
Ein Arzt
Kinder
Mehrere Stimmen

ZEIT

Nach dem Martyrium

Erstes Bild

Marktplatz einer kleinen polnischen Landstadt, darin sich eine Anzahl Überlebender des jüdischen Volkes zusammengefunden haben. Die Häuser ringsum in Ruinen. Nur ein Brunnen in der Mitte, daran ein Mann arbeitet, Röhren abzufeilen und einzusetzen.

WÄSCHERIN *trägt einen Korb mit Bleichwäsche. In singendem Ton*
Komm von der Bleiche, der Bleiche,
hab' Sterbewäsche gewaschen,
dem Eli das Hemd gewaschen,
Blut herausgewaschen, Schweiß herausgewaschen,
Kinderschweiß – Tod herausgewaschen –. *Zum Rohrleger*
Will es zu dir tragen, Samuel,
in die Kuhgasse tragen zum Abend,
wo die Fledermäuse in der Luft herumblättern,
wie ich blättere im Bibelbuch,
um das Klagelied zu suchen, darin es raucht,
darin es brennt und die Steine herunterfallen –.
Das Hemd von deinem Enkel will ich zu dir tragen,
vom Eli das Hemd –

BÄCKERIN
Wie kam es, Gittel, daß er stumm wurde?

WÄSCHERIN
War an dem Morgen, als sie den Sohn holten,
aus dem Bett rissen, aus dem Schlaf –.
Wie sie vorher aufgerissen hatten
die Tür zum Schrein der Geheimnisse im Tempel –
behüte, behüte –,
so rissen sie ihn aus dem Schlaf.
Rahli, seine Frau, rissen sie auch aus dem Schlaf –,
trieben sie vor sich her durch die Kuhgasse,
die Kuhgasse – hat die Witwe Rosa gesessen

an der Ecke, am Fenster,
und erzählt hat sie es, wie es hergegangen ist,
bevor sie den Mund ihr geschlossen haben,
mit einem Dorn, weil ihr Mann Gärtner war.
Ist der Eli im Nachthemd seinen Eltern nachgelaufen,
in der Hand die Pfeife,
mit der er gepfiffen hat auf der Weide,
den Lämmern, den Kälbern –
und ist der Samuel, der Großvater, seinem Enkel
    nachgelaufen –.

Und als der Eli sah,
mit seinen achtjährigen Augen sah,
wie sie antrieben seine Eltern,
durch die Kuhgasse, die Kuhgasse,
hat er die Pfeife an den Mund gesetzt und hat gepfiffen.
Und nicht hat er gepfiffen
wie man pfeift dem Vieh oder im Spiel,
sagte die Witwe Rosa, als sie noch lebte,
den Kopf hat er geworfen nach hinten,
wie die Hirsche, wie die Rehe,
bevor sie trinken an der Quelle.
Zum Himmel hat er die Pfeife gerichtet,
zu Gott hat er gepfiffen, der Eli,
sagte die Witwe Rosa, als sie noch lebte.

BÄCKERIN
Gehen wir abseits, Gittel, daß er nicht hört,
unser Gespräch hört, der Stumme.
Muß wie ein Schwamm sonst einsaugen unsere Worte,
kann nichts herausbringen aus seinem Halse,
zugeschnürt mit Tod. *Sie gehen abseits.*

WÄSCHERIN
Ging ein Soldat mit im Zuge,
sieht sich um nach dem Eli,

wie der pfeift, hoch zum Himmel –
schlägt ihn tot mit dem Kolben seines Gewehres.
War der Soldat noch ein Junger, sehr Junger,
hat die Witwe Rosa gesagt.
Nimmt der Samuel die Leiche,
setzt sich nieder auf einen Meilenstein –
und ist stumm.

BÄCKERIN
War denn der Michael nicht zur Stelle
daß er hätte retten können den Eli?

WÄSCHERIN
War der Michael im Bethaus,
im brennenden Bethaus,
hat die Flammen gebunden,
hat den Jossele gerettet,
den Dajan gerettet,
den Jakob gerettet,
aber der Eli ist tot.

BÄCKERIN *sinnend*
Und wäre vielleicht mit ihm zu Ende gewesen,
der Augenblick,
den Er uns verlassen?

WÄSCHERIN
Es hat die Witwe Rosa noch hinzugefügt,
daß der Michael eine Minute zu spät kam,
eine winzige Minute,
sieh, so winzig wie das Öhr meiner Nähnadel,
mit der ich vorhin noch diesen eingerissenen Saum
an Elis Hemd festnähte.
Was meinst du, warum er zu spät kam,
er, den kein Feind aufhielt?
Er tat einen Schritt in die Nebengasse,
einen einzigen Schritt,
da wo der Myriam ihr Haus einmal gestanden hat –

und dann wandte er sich um –
und der Eli war tot.
Da sagte die Witwe Rosa noch:
Hat doch der Michael den ungebrochenen Blick,
nicht den unserigen, der nur Scherben sieht –
– den Balschemblick hat er,
von einem Ende der Welt zum andern –
Sie tritt an den Brunnen
Samuel, wird er fertig zum Fest,
zum Neujahr, der Brunnen? *Samuel nickt.*

BÄCKERIN
Ich will dir sagen, Gittel, ein Geheimes:
ich höre die Schritte!

WÄSCHERIN
Was hörst du für Schritte, Basia?

BÄCKERIN
Als sie holten den Eisik, meinen Mann,
den Bäcker, weil er buk die Brezel,
die Zuckerbrezel mit verbotenem Mehl,
als sie ihn vom Backofen holten,
gab ich ihm den Mantel,
denn es schnitt draußen die Kälte –
wieherten sie wie Pferde,
die sich freuen auf den Hafer –:
»Kommt zurück, schneller als er ihn anzieht –
kommt zurück!«
Kam zurück, doch ohne Schritte!
Da begannen die Schritte im Ohr!
Die schweren Schritte,
die starken Schritte,
die sagten zur Erde:
ich breche dich auf –
dazwischen sein schlürfender Schritt,
denn er ging wenig,

atmete schwer in der Kälte,
am Backofen stand er,
bei Tag und bei Nacht –
WÄSCHERIN
Hörst du auch jetzt die Schritte?
BÄCKERIN
Die wohnen im Ohr mir;
sie wandern zur Tagzeit,
sie wandern zur Nachtzeit,
ob du sprichst, ob ich spreche,
ich höre sie immer.
WÄSCHERIN
Frage den Michael,
ob er dir kann fortnehmen die Schritte.
Näht er auch Sohle an Oberleder fest,
weiß er doch mehr als nur Wandern zum Grabe.
Will dir sagen, Basia, bin eine Wäscherin,
hab' Lauge gebrüht, gewaschen, gespült,
aber heute auf der Bleiche,
da, wo der Saum war gerissen an Elis Hemd –
da sah es mich an –
BÄCKERIN
Könnt' ich es nur,
würde ich da oben aufnehmen den Saum,
den die Sonne blutig macht,
könnten des Eiseks Augen mich ansehn –
würde ich sagen:
gefangen bin ich in einem Gitter,
in einem Gitter von Schritten,
mach auf das Gitter,
daß ich heraus kann aus den schweren Schritten,
den starken Schritten,
die aufbrechen die Erde –
dazwischen dein schlürfender Schritt –.

WÄSCHERIN
Der Brunnen läuft!
BÄCKERIN
Der Brunnen läuft! *Sie trinkt aus den Händen.*
Nimm fort die Schritte,
aus dem Ohr mir die Schritte – *sie fällt nieder*
die Schritte – Schritte –

Vorhang

Zweites Bild

Der gleiche Platz wie vorher, von einer anderen Seite aus gesehen. Der Brunnen plätschert. An einer der Hausruinen arbeiten ein alter Maurer und sein Gehilfe. Im Hintergrund eine schmale, zerstörte Gasse, an deren Ende man das Gebetzelt erblickt. Grüne Landschaft schimmert überall hindurch.

MAURER
Jossele, fülle den Eimer am Brunnen,
lauf um den Kalk, dort wo sie bauen,
vor den Toren bauen, die neue Stadt.
Sind keine Tore mehr,
ist keine alte Stadt mehr.
Ist kein Bethaus mehr,
nur noch Erde genug für den guten Ort! *Für sich*
Das war ein Haus hier, das war ein Herd,
steht noch ein Kochtopf, schwarzgebrannt.
Hier ist ein buntes Band;
vielleicht wars ein Wiegenband –
vielleicht auch ein Schürzenband –
wer weiß?

Zweites Bild 13

Hier ist ein Käppchen.
Wer trug's?
Ein junger Mann oder ein alter Mann oder ein Knabe?
Schützte die 18 Segenssprüche, die stillen,
vor den eitlen Gedanken,
vor den bösen Gedanken,
oder – wer weiß?
Eine Frau im Hemd eilt durch die schmale Gasse, klopft mit dem Finger an Mauern und Steine.
Erster Weinberg, was klopfst du hier,
es sitzt keine Antwort im Stein.

JOSSELE *mit dem Wassereimer*

Die Frau entfloh der Krankenstube,
jetzt hebt sie Steine auf und wirft sie fort –

MAURER

Will ausbrechen aus ihrem Kerker –

JOSSELE

Aber was tut sie nun?
Öffnet und schließt ihre Hände wie Becher
und füllt sie mit Luft.

STEINMETZFRAU *singend*

Dein rechtes Bein
vogelleicht –
dein linkes Bein
vogelleicht –
Locken im Südwind –
Herzen können wie Wasser zittern in der Hand –
wie Wasser zittern –
O...O... *Sie läuft fort.*

MAURER

Sie schafft ihr Kind aus Luft – *er nimmt einen Stein*
Wir schaffen Gräber,
aber sie ist schon ausgebrochen –
lernt schon bei Ihm –

JOSSELE *läuft der Frau nach und kommt zurück*
 Die Frau ist tot.
 Sagte zu einem Stein: »Ich komme«,
 stieß die Stirn daran und starb.
 Dieser Brief lag neben ihr.
MAURER *lesend*
 »Fein verädert wie deine Schläfen war der Stein.
 Legte ihn an die Wange vor dem Einschlafen,
 fühlte seine Vertiefungen,
 fühlte seine Erhöhungen,
 seine Glätten und Risse –
 hauchte ihn an,
 und er atmet wie du, Ester ...«

 Dies ist von Gad, ihrem Mann,
 der sich im Steinbruch zu Tode trug,
 an Israels Last –
 Jossele weint und seufzt.
 Weine nicht, Jossele.
 Bauen wir doch aufs neue das alte Haus.
 Hängen sich die Tränen ans Gestein,
 hängen sich die Seufzer ans Gebälk,
 können nicht schlafen die kleinen Kinder,
 hat der Tod ein weiches Bett.
 Er mauert, singt und pfeift
 Meister der Welt!
 Du, Du, Du, Du!
 Meister aller Steine!
 Du, Du, Du, Du!
 Wo kann ich Dich finden,
 und wo kann ich Dich nicht finden?
 Du, Du, Du, Du!

 Vorhang

Drittes Bild

Die zerfallene Gasse neben dem Marktplatz, den man noch sieht. Der Brunnen plätschert. Kinder kommen gelaufen.

GRÖSSERES MÄDCHEN
Der Schulhelfer hat gesagt,
es sei heute der Tag,
an dem vor Jahren des Michael Hochzeit war,
und an dem sie ihm die Braut raubten
vor dem Kerzensegnen.
KLEINERES MÄDCHEN
Was wollen wir spielen?
GRÖSSERES MÄDCHEN
Hochzeit und Kerzensegnen,
und ich bin die Braut –
JOSSELE
Und ich raube dich.
Er ergreift sie.
GRÖSSERES MÄDCHEN *sich losmachend*
Nein, ich will das nicht,
ich suche mir ein Kind zum Wiegen.
JOSSELE
Als ich auf dem Schiff fuhr,
da ging das Meer immer mit uns fort,
wie die Garnrolle,
wenn ich sie am Faden hochhüpfen lasse,
aber dort wo das Weiße beginnt,
kamen wir nicht hin.
Aber im Schlafe war ich dort.
Als ich aufwachte, sagte jemand:
Es sind viele ertrunken,
aber du bist gerettet.
Doch das Wasser kommt noch oft hinter mir her.

KLEINERES MÄDCHEN
Ich habe tief unten in der Nacht gesessen,
und es war eine Frau da,
so gut wie die Schwester Lea aus der Krankenstube
und sie sagte: Schlafe, ich wache.
Und dann kam eine Wand in meinen Mund
und ich habe eine Wand gegessen.
GRÖSSERES MÄDCHEN
War die Frau deine Mutter?
KLEINERES MÄDCHEN
Mutter? Was ist das?
GRÖSSERES MÄDCHEN *einen Fetzen aus dem Geröll ziehend*
Hier ist Stoff,
hier ist ein Stück Holz,
nur wenig angekohlt.
Jetzt habe ich ein Kind, und es hat schwarzes Haar,
ich will es wiegen.
Singend
Es war einmal eine Märe,
die Märe ist gar nicht fröhlich.
Die Märe hebt an mit Singen
von einem jüdischen König.

Es war einmal ein König,
der König hatte eine Königin,
die Königin hatte einen Wingert –
Ljulinke, mein Kind ...
KLEINERES MÄDCHEN
Habt ihr das vom Rebekchen gelernt?
GRÖSSERES MÄDCHEN
Ja.
Singend
Der Wingert, der hatte einen Baum,
der Baum, der hatte einen Zweig,

der Zweig, der hatte ein Nestchen –
Ljulinke, mein Kind ...
JOSSELE
Ich habe einen Knochen gefunden –
Wer sich aus dem Totenbein eine Pfeife macht,
dem kommt kein Vieh fort –
GRÖSSERES MÄDCHEN
Kommt das Wasser noch immer hinter dir her?
JOSSELE
Ja, manchmal;
aber öfter kommt noch der gehenkte Isidor
und sagt: Freundchen, eine Rolle Garn,
hält wie ein Strick –
GRÖSSERES MÄDCHEN
Es ist schon spät,
wir wollen zum Rebekchen gehn.
JOSSELE
Gib her dein Kind,
ich werf es aufs Geröll,
da kann es schrein.
GRÖSSERES MÄDCHEN
Nein, laß das sein,
es heißt Myriam,
und ich werde in die Küche gehn,
und das Rebekchen um einen Quirl bitten,
so hat es einen Kopf.

Singend
Das Nest, das hatte ein Vögelchen,
das Vögelchen, das hatte ein Flügelchen,
das Flügelchen, das hatte ein Federchen –
Ljulinke, mein Kind ...
Sie gehen alle langsam fort.
Hinter der Bühne Gesang

Der König, der mußte sterben,
die Königin, die mußte verderben,
der Baum mußte zerbrechen,
das Vögelchen fliehen vom Neste ...

Vorhang

Viertes Bild

Schuhmacherwerkstatt des Michael im einzigen unzerstörten Haus. Im Fenster Mondschein und offenes Feld. An den Wänden Bretter, darauf Schuhe stehen. Tisch mit Handwerksgeräten. Bank vor dem Fenster. Michael, groß, mager, mit rötlichem Haar. Er ergreift ein Paar Schuhe und stellt sie auf die Fensterbank. Dann hebt er einen Schuh hoch, daß er sich schwarz gegen das Mondlicht abhebt. Es ist ein kleiner Damenschuh.

MICHAEL
  Du gingst so leicht,
  die Gräser standen hinter dir auf.
  Hier, diese Spange riß,
  als du mir entgegeneiltest – damals –
  Schnell ist die Liebe,
  die Sonne, wenn sie steigt,
  ist langsam gegen sie.
  Myriam –
  Er sinkt nieder, den Kopf zwischen den Knien
  Welches Gestirn sah deinen Tod?
  War es der Mond, die Sonne, oder die Nacht;
  mit Sternen, ohne Sterne?
  Über den Mond zieht eine Wolke. Das Zimmer ist fast dunkel.

Man hört huschende Schritte. Ein Seufzen, dann eine rohe Männerstimme.

MÄNNERSTIMME

Schön bist du, meine Freundin,
wäre ich dein Bräutigam,
ich wäre eifersüchtig auf den Tod –
doch so – *wildes Lachen, Schrei.*

MICHAEL *liegt lange reglos. Der Mond scheint wieder. Er erhebt sich, ergreift ein paar schwere Männerschuhe*

Isidors Schuhe,
des Pfandleihers Schuhe,
schwere Schuhe.
Ein Wurm hängt an der Sohle,
ein zertretener Wurm.
Der Mond scheint weiter,
so sah er deinen Tod.

Er sinkt in voriger Stellung zu Boden. Man hört schwere Schritte.

ERSTE STIMME

Nicht hängen,
hab's in einem Kästchen,
aus Sandelholz ist das Kästchen –
war der Schmuckschrein der reichen, dann armen Sari –
gute Kundschaft gewesen –

ZWEITE STIMME

Sprich, was ist's mit dem Kasten?

ERSTE STIMME

Hab ihn begraben, hinter der Buche,
der einzigen Buche zwischen den Tannen –
liegt ein Ring darin,
hat einen Stein, einen Brasilianer,
ein blaues Feuer hat der Brasilianer –
das ganze Mittelmeer ist darin –
blau, so blau, wenn die Sonne spielt –

Nein – in den Taschen klappert nichts, leer –
Das ist der Nachtwind,
der so silbern in den Blättern klappert –

ZWEITE STIMME

So klappre mit dem Nachtwind, du –
Michael liegt reglos. Als er sich wieder erhebt, ergreift er ein paar Kinderschuhe und hebt sie empor. Die Morgensonne beginnt den Himmel zu röten.

MICHAEL

Schuhe,
Nach innen getreten,
Lammwolle haftet daran –
Eli – *Er sinkt in die frühere Stellung. Der zerreißende Ton einer Pfeife ist zu hören.*

Vorhang

Fünftes Bild

Raum in einem fast zerfallenen Gemäuer. Samuel sitzt auf einer Bretterpritsche. Auf seinem Schoß liegt das Sterbehemd Elis. Eine Kerze flackert. Michael tritt ein.

MICHAEL

Samuel,
ich bitte dich mir finden zu helfen, was ich suche.
Ich suche die Hand,
ich suche die Augen,
ich suche den Mund,
ich suche das Stück Haut,
darin die Fäulnis dieser Erde eingegangen ist,
ich suche Elis Mörder!

Ich suche den Staub,
der sich seit Kain vermischt hat
mit allem Mörderstaub und gewartet.
Vielleicht hat er Vögel inzwischen gebildet –
und dann Mörder.
Vielleicht hat er die Alraunäpfel gebildet,
für die Rachel abtrat eine Nacht der Lea –
vielleicht hat er Sammaëls Haßausdünstungen umspannt –
Zu denken,
daß dieser Staub das Gebetbuch des Lurja hätte berühren
    können,
als es versteckt lag,
bis seine Buchstaben Flammen sprühten –
zu denken –
O, was bringe ich für Staub auf meinen Schuhen zu dir
    herein. *Er zieht die Schuhe aus.*
Samuel, laß mich deine Stummheit fragen:
War er groß?
Samuel schüttelt den Kopf.
War er kleiner als ich und größer als du?
Samuel nickt.
Sein Haar, war es blond?
Samuel nickt.
Seine Augen, schwarze, blaue?
Samuel schüttelt den Kopf.
Graue?
Samuel nickt.
Seine Farbe, rotwangig, gesund?
Samuel schüttelt den Kopf.
Also bleich?
Samuel nickt.
MICHAEL *schluchzend*
Wieviel Millionen Menschen hat die Erde?
Mörder wie Kain,

zerfallene Alraunäpfel,
Nachtigallenstaub,
Staub der Gebetbücher,
aus denen Buchstaben springen wie Flammen –
Samuel reicht Michael eine Hirtenpfeife. Michael haucht hinein. Ein schwacher Ton ist zu hören. Er zeigt auf das Sterbehemd, auf dem sich ein Männerkopf abbildet.
Sieh, o sieh –
die Kerze wirft den Schatten –
oder deine Stummheit spricht:
Sehr jung noch,
die Nase ist breit,
ihre Flügel zittern vor Wollust,
die Augen haben die Pupillen eines Wolfes –
Der Mund ist klein wie von einem Kind –
Das Gesicht verschwindet.
So werden Gesichter in Träumen gemischt –
Wasser aus Unsichtbarem gegossen –
Es ist fort
und brennt in meinen Augen;
bis ich ihn fand,
wird es sich vorschieben jedem Ding auf dieser Erde,
stehen wird es in der Luft –
Esse ich mein Brot,
so esse ich diesen Schreckensstaub,
esse ich einen Apfel,
so esse ich sein Gesicht –
Samuel,
deine Sprache ist schon da,
wo aller Staub zu Ende ist.
Hinter dem Wort ward dieses gemischt!
Er geht rückwärts nach der Tür, wo er seine Schuhe anzieht.

Vorhang

Sechstes Bild

Offene Seite des Marktplatzes, nach dem Felde hinaus. Man hört den Brunnen plätschern. Auf dem sandigen Ackerpfad steht der Hausierer Mendel und ruft seinen Kram aus, umringt von Zuschauenden.

MENDEL
Durch einen außerordentlichen Zufall
bin ich in der Lage, euch anzubieten:
Waschechten Schürzenstoff, blumenbedruckt,
schmetterlingsbedruckt,
Strümpfe aus Wolle, Strümpfe aus Seide, schon aus Paris.
Dieses Gummiband, dehnbar wie Länder und Reiche
und wieder zurückschnappend –
direkt aus Amerika.
Aus England Lavendel für den Kopfschmerz
und Pfefferminz des schlechten Magens halber –
Aber dieses Linnen aus Rußland –
nicht für die Toten mehr,
nicht für die Füße hingestreckt zur Tür –
für's Bräutchen nun und auch für's Kind –
EINE FRAU *zu ihrem Mann*
Sieh her,
dies wär ein Festtagsstoff für mich,
nun wo das Neujahr bald beginnt.
MANN
Da wohnen wir im Armenhaus,
nicht Tisch hast du noch Stuhl,
was soll das Zeug?
FRAU
Sieh doch,
die kleine Sterntalerin,

sie hat den besseren Mann,
er kauft ihr das schöne Halstuch schon.

MANN

Wo du stehst, rann Blut –

FRAU

Wir sind gerettet
und sollen uns der Rettung freun.

MANN *zum Hausierer*

Du verdirbst die Weiber aufs neue.
Die Putzsucht
legt den Trauerflor zierlich in Falten noch.

MENDEL

Ich hab kein Weib,
doch hätt ich eins, würd ich mit Salomo es halten:
Lobt er die tugendhafte Frau,
lobt er auch ihr Gewand dazu –

MANN

Miß es schon ab, das Zeug!

SCHERENSCHLEIFER

Scheren zu schleifen,
Messer zu schleifen,
Sicheln für die neue Saat –

EINE FRAU

Fort soll er gehn.
Wenn er schleifen will,
soll er abseits schleifen –
Wer kann noch anhören
der Messer Geschleife –

SCHERENSCHLEIFER

Willst du wieder essen,
brauchst du ein Messer –
Willst du wieder ernten,
brauchst du ein Messer –

Willst du dich bekleiden,
brauchst du zwei Messer. *Er schleift.*
FRAU
O diese Gleichgültigkeit!
Verstehst du nicht, daß dein Geschleif
das Herz der Welt in Stücke schneidet?
SCHERENSCHLEIFER
Ich hasse niemanden,
will niemanden kränken –
schleife ich, so ist's mein Gewerb –
FRAU
's ist sein Gewerb,
wie meines Weinen ist –
und das der Andern Sterben!
ZWEI HALBWÜCHSIGE MÄDCHEN *gehen vorüber, die eine zum Hausierer*
Eine Lage Wollgarn will ich kaufen. *Zur Gefährtin*
Laß legen mich die Lage um die Handgelenke dir.
Wickle ich und du hältst still,
so ist's wie Abschiednehmen.
Hielt man mich am Handgelenke fest
und nahm die Mutter fort –
und der Abschied ging von ihr zu mir –
von mir zu ihr,
bis er zu Ende war – *Sie gehen weiter.*
Ein Spielmann ist gekommen und geigt. Alle beginnen zu tanzen.
EIN VERWACHSENER
Welche Sehnsucht im Gebein –
der alte Adam gärt im Ton,
der neue Mensch hat seine erste Rippe schon –
Ein blindes Mädchen kommt mit vorgestreckten Händen, in denen sie Reiser und Stöcke hält. Sie ist barfuß und in Lumpen gehüllt.

MÄDCHEN *bleibt vor dem Spielmann stehen*
Es zuckt unter meinem Fuß.
Die Flur der Sehnsucht muß hier zu Ende sein.
Hier sind alle meine Wege. *Sie wirft die Stöcke hin.*
Immer wenn meine Füße eine neue Wunde bekamen,
war ein Weg zu Ende,
wie eine Uhr, die schlägt.
Ich wollte meinen Geliebten noch einmal sehn,
aber da nahmen sie mir meine Augen –
von da ab zählte ich Mitternacht.
Nun bin ich nur noch eine Träne weit von meinem Geliebten entfernt,
und die letzte Wunde ist in meinem Fuß aufgebrochen –
Sie sinkt hin; man bringt sie fort.

DER VERWACHSENE
Sie hat ja nur die Gerippe ihrer Wege mitgebracht –
Das Fleisch ist von der Sehnsucht fortgezehrt –
Sie wollte ihren Geliebten noch einmal sehn –
aber der Teufel
scheut den Spiegel der Liebe in einem Menschenblick
und zerbrach ihn –

ZWEI KINDER *sammeln die Reiser auf und singen*
Wir haben Stöcke bekommen,
Wege bekommen,
Gerippe bekommen,
ei, ei, ei –

MENDEL
Diesen einen Stock
könnt' ich zum Aufwickeln meines Kattuns gebrauchen,
die anderen könnt ihr behalten.
Spielmann spielt wieder, alle tanzen.

DER VERWACHSENE
Tanzt nicht so schwer,
nicht an die Wände des Schlafes pochen,

könnt' euch überschwemmen,
zuviel junge Herzen darin –
wird Liebesstaub geben –
Wer weiß wie das Korn schmecken wird –
wer weiß?

EINE JUNGE FRAU *mit Kind auf dem Arm zu dem Verwachsenen*
Starre doch mein Kind nicht so an!
Gott behüte es vor dem bösen Blick –

DER VERWACHSENE
Behüte, daß ich es mit meinem Blick versengte.
Wundern tu ich mich nur,
wie du es hast gebären können
in dieser Zeit –

JUNGE FRAU
Im Erdloch hab' ichs geboren,
Im Erdloch gesäugt –
Tod nahm seinen Vater,
mich nahm er nicht,
sah die Milch in meiner Brust
und nahm mich nicht.

DER VERWACHSENE *wiederholend*
Und nahm dich nicht –

JUNGE FRAU
Verzeih, wenn ich dich kränkte,
aber Gott behüte,
dachte erst,
du seist ein lebend Stück
vom Unglück Israels.

DER VERWACHSENE *auf seinen Buckel zeigend*
Du sahst den Ranzen,
darin der Bock das Unglück seines Volkes trägt.

JUNGE FRAU
Es scheint mir,
daß hundert Jahr oder mehr vergangen seien,

seit ich im Erdloch saß –
ich kann das Licht nicht mehr vertragen –
ich blinzle nur –
Dies scheinen keine Menschen mir,
Erdhügel seh ich tanzen –
die Nacht verwahrt keine Namen.
Was bellt, was singt,
vergaß ich längst –

SPIELMANN *zeigt auf des Hausierers langen Schatten*
Es ist schon späte Zeit in Israel!
Alle Tanzenden werfen lange Schatten. Ihre Leiber sind von der Abendsonne wie fortgeblendet. Nur die junge Frau mit dem Kind steht deutlich im Licht.

Vorhang

Siebentes Bild

Marktplatz wie zu Anfang. Im Hintergrund die schmale Gasse, als Abschluß das Betzelt. Eine Schar Beter versammelt sich vor dem Beginn des Feiertagsgottesdienstes.

ERSTER BETER
Hier ist die Stelle,
wo man den Bäcker Eisik mit dem schlürfenden Schritt
wegen einer Zuckerbrezel erschlagen hat.
War sein Ladenschild eine eiserne Brezel,
hatten sich die Kinderblicke,
die Sehnsuchtsblicke an sie gehangen,
aßen sich satt daran –
Fiel eines hin,
hatte genug gegessen.

Dachte der Eisik:
Ich backe eine Zuckerbrezel,
dann noch eine und wieder so,
daß sie sich nicht zu Tode essen,
mit den Augen an der Eisenbrezel.
Hat eine gebacken, keine mehr.
Hat die Eisenbrezel gestrahlt,
wie im Backofenfeuer,
bis sie ein Kriegsmann herunternahm,
einschmolz für den nächsten Tod.

EIN MANN *mit einem Spiegelglas in der Hand, darein er blickt, geht vorbei*
Dort, wo du deine Kinder getragen hast –
ich glaube, sieben waren wir an der Zahl –
dort ist dein Leib eingesunken zur Grabhöhle –
träuernd hängen die greisen Brüste darüber.
O meine Mutter,
dein Mörder hat dir diesen Spiegel vorgehalten,
damit du ein kurzweilig Sterben haben solltest –
Mutter, du hast dich angesehn,
bis deine Kinnlade auseinanderfiel –
aber der große Engel hat seinen Schatten darüber gelegt!
Durch den Stacheldraht der Zeit
kam er zu dir geeilt,
mit den Flügeln zerissen;
denn Stahl und Eisen sind ins Wuchern gekommen, Mutter –
haben Urwälder in den Lüften gebildet –
Mördergehirne sind ins Wuchern gekommen –,
Lianen der erklügelten Qual sind aus ihnen ausgeschlagen.
Spiegel, Spiegel,
du Echo aus dem Walde der Toten,
Opfer und Henker,
Opfer und Henker
spielten mit ihrem Atem Sterbespiel auf dir –

Mutter,
es wird ein Sternbild einmal Spiegel heißen! *Er geht fort.*
ZWEITER BETER *zum dritten Beter*
Sagt er noch immer Kaddisch in den Spiegel hinein?
DRITTER BETER
Ja. Heiliger Balschem,
du letzter Garbenträger von Israels Kraft,
schwächer wird dein Volk und schwächer,
ein Schwimmer,
den nur noch der Tod an Land bringt.
DAJAN
Aber ich sage euch:
Mancher unter euch hat den ziehenden Glauben gehabt;
hat hinter dem Vorhang der Nacht
die großen Beruhigungen Leben und Tod
heruntergezwungen!
Nicht nur mit solchen Waffen wurde gekämpft,
er weist auf ein zerschossenes Haus
ich sage euch:
Kampfplätze gibt es – Kampfplätze,
von denen die Erfinder des Tagmordes
sich nichts träumen lassen.
Manches Gebet
hing mit den flammenden Flügeln vor der Mündung der
    Kanone,
manches Gebet
hat die Nacht verbrannt wie ein Blatt Papier!
Sonne, Mond und Sterne hat Israels Gebet aufgereiht
an den ziehenden Schnüren des Glaubens –
Diamanten und Karfunkelsteine
um den sterbenden Hals seines Volkes
O! O! –
VERWACHSENER
Sie sagen,

um meiner schlenkrigen Schultern willen
hassen sie mich –

SCHERENSCHLEIFER
Sie sagen,
um meines immerwährenden Lächelns willen
hassen sie mich –

MENDEL
Sie sagen,
um dieses Steinhaufens willen,
der einmal mein Haus war,
hassen sie mich –

EIN BETTLER *mit einer Vogelfeder auf dem Hut*
Wenn ich den Hut umdrehe,
so ist's ein Grab für das Geld,
setze ich ihn auf,
so ist's etwas,
was mit Fliegen zu tun hat.
Überhaupt Reichtum bei einem Juden:
Ein Eiskeller um eine gefrorene Träne! –

DAJAN
Ich sehe,
sehe den Anfang deiner schlenkrigen Schultern, Schimon –
als du grubst mit Abraham den Brunnen der Sieben Schwüre
in Ber Schaba –
Ich sehe,
ich sehe den Anfang deines Lächelns, Aman –
am Horeb eingepflanzt den siebzig Alten,
daß es keimt,
keimt am wandernden Staub der Lippe.
Steine sind Steine –
Erde vom Paradies darin, aber in Gierigkeit umgebracht.
Sie aber wissen den Anfang nicht,
den ewigen Anfang nicht –
und darum hassen sie uns –

ALLE UMSTEHENDEN
  Darum hassen sie uns –
DAJAN *aufschreiend*
  Eli, um dich,
  deinen Anfang wissend – *Er bricht zusammen.*

Vorhang

Achtes Bild

Gleiches Bild wie vorher. Die Beter sind im Betzelt verschwunden. Man hört Murmeln, dann die Stimme des Rabbiners, der die Schofarweisen ansagt.

STIMME DES RABBINERS
  Tekiá – *man hört einen langen, eintönigen Laut.*
STIMME
  Schewarim – *drei aufeinanderfolgende Laute.*
STIMME
  Teruá – *Trillerlaute.*
  Die Schatten des siebenarmigen Leuchters zeichnen sich an der Zeltwand ab. Das Zelt wird geöffnet. Die Beter schreiten heraus.
ERSTER BETER
  Die Luft ist neu –
  fort ist der Brandgeruch,
  fort ist der Blutgeruch,
  fort ist der Qualgeruch –
  die Luft ist neu!
ZWEITER BETER
  In meinem Ohr ist ein Geräusch,
  als ob jemand dabei wäre,

Achtes Bild 33

den Stachel aus der Wunde zu ziehn –
den Stachel, der in der Mitte der Erde steckt –
Jemand nimmt die beiden Hälften der Erde auseinander
wie einen Apfel,
die beiden Hälften von Heute und Gestern –
nimmt den Wurm heraus
und fügt das Gehäuse wieder zusammen!
Die Beter schreiten über den Platz.
EINIGE BETER
Gutes Neujahr!
Möge der Augenblick, da Er uns verlassen,
zu Ende sein!
HINZUTRETENDE
Hinleerte Israel seine Seele zum Sterben –
ANDERE
Das Heimholerhorn hat geblasen.
Er vergaß uns nicht!
Auf beide Handflächen eingegraben
hat Er sein Volk!
Alle sind fortgegangen, der Marktplatz ist leer. Eine alte Frau kommt und setzt sich auf den Brunnenrand.
ALTE FRAU
Kommt er noch nicht, der Rabbi –
immer noch nicht der Rabbi –
Da kommt der Rabbi!
Sie steht auf und geht ihm entgegen; weinend
Hab ich einen Kuchen gebacken,
draußen im Ofen auf der Weide –
haben die anderen Frauen gesagt:
schön ist dein Kuchen,
dein Feiertagskuchen! Hab ich gesagt:
ist für den Rabbi, der Kuchen.
Hab drei Maß Mehl genommen,
wie die Sari tat, als sie buk für die Engel,

die Engel,
als sie zum Abraham kamen am Abend –

RABBI

In der Schrift steht nichts, daß sie am Abend kamen –

ALTE FRAU

Immer kommen die Engel am Abend.
Und das Wasser am Quell
hat einen Mund, der spricht.

RABBI

Warum weinst du, Mütterchen?

ALTE FRAU

Soll ich nicht weinen?
Haben die Ratten gegessen den Kuchen,
den Kuchen für den Rabbi!

RABBI

Neues Mehl wird man dir geben,
und wir essen zusammen den Kuchen –

ALTE FRAU

Kann nicht mehr backen,
kann nicht mehr essen. *Sie weint heftiger.*

RABBI

Wohnst du im Haus bei den Alten,
Mütterchen?

ALTE FRAU

Im dritten Keller wohne ich,
am Marktplatz.

RABBI

Warum wohnst du nicht bei den Alten?

ALTE FRAU

Weil ich wohnen muß,
dort, wo ich wohne.
Ist der Jehudi dort geboren,
der Natel dort geboren,
das Taubel dort geboren –

ist noch ihr Schrei darin,
von dem Taubel der Tanz darin –
der Michael hat mir ein Paar Schuhe geschenkt,
weil in die alten die Graberde hineinging,
vom Jehudi die Erde,
vom Taubel die Erde,
vom Natel die Erde.
Sind Schuh vom Rabbi Sassow,
sind Zaddik-Schuhe,
Heilschuhe, heilige Tanzschuhe. *Sie schnürt sie fester*
Ist vom Taubel der Tanz darinnen.
Seht!
Sie beginnt zu tanzen.

Vorhang

Neuntes Bild

Marktplatz am Brunnen. Die Mädchen füllen die Krüge und reichen sie den bestaubten Maurern, welche vorübergehn, um die neue Stadt aufzubauen.

EIN MAURER *zu einem Mädchen*
Dank für den Trunk,
ich gehe jetzt die neue Stadt baun.
DAS MÄDCHEN
Maure dieses mit ein:
es sind die heiligen Worte darin,
mein Geliebter gab sie mir,
und ich trug sie an dieser Kette um meinen Hals.
MAURER
Wie kann man sich von solcher Gabe trennen?

DAS MÄDCHEN
>   Kurz wird mein Leben sein,
>   aber die Mauern,
>   sie sollen halten.

ZWEITER MAURER *zu einem anderen Mädchen*
>   Heiraten wir zum Frühling,
>   denn es heißt:
>   heiratest du im Winter,
>   wenn die Schmetterlingspuppe von Träumen lebt,
>   so reißt der Traum,
>   ehe der Frühling kommt.
>   Aber wenn sie auffliegt,
>   dann öffnet Gott selbst die Bäche und die Knospen –

DRITTER MAURER *trinkt durstig*
>   Immer war Israel durstig;
>   hat wohl kein Volk soviel an Quellen getrunken –
>   aber nun, Durst über Durst,
>   alle Wüsten zusammen haben an diesem Durst geschaffen!
>   *Ein Zimmermann mit einer Tür geht vorüber. Der Bettler
>   mit der Feder auf dem Hut kommt.*

BETTLER
>   Das ist eine Tür.
>   Eine Tür ist ein Messer
>   und teilt die Welt in zwei Teile.
>   Stehe ich davor und klopfe an,
>   weil ich ein Bettler bin,
>   so wird mir vielleicht aufgetan
>   und der Geruch von Gebratenem
>   und der Geruch von eingeweichter Wäsche strömt heraus.
>   Es ist der Geruch der menschlichen Wohnungen.
>   Hat man eine feine Bettlernase,
>   kann man auch Tränen
>   oder eingebautes Glück riechen.
>   Die Frau aber sagt:

»Nein, es ist zu früh am Tage«,
und »Nein« sagt die sich schließende Tür.
An der zweiten Tür komme ich zu spät,
gerade habe ich noch einen Blick
in ein aufgetanes Bett erwischt,
und die Tür schließt sich,
traurig wie ein Abendsegen.
Zimmermann, hänge keine Türen ein,
es sind die Messer,
die die Welt zerschneiden.

ZIMMERMANN

Mann, nimm deinen Federverstand zusammen,
Türen sind für die Kälte und für die Diebe.
Und da die Kälte auch ein Dieb ist,
so ist es richtig, wie es ist.

BETTLER *geht an die Tür und klopft*

Hier ist Israel, Tür der Welt,
Tür der Welt öffne dich!

ZIMMERMANN

Die ist gut gebaut,
die rührt sich nicht,
aber dahinter,
dahinter reisen die Schwalben.

BETTLER *wirft sich auf den Sand, vor der Tür*

Da hast du die Schwelle!

SCHAR JUNGER MAURER

Wir bauen, wir bauen
die neue Stadt, die neue Stadt,
die neue Stadt!
Wir brennen, wir brennen
die Ziegel der neuen Stadt!

DAJAN

Und Abraham hub seine Hütte auf,

wieder und wieder,
und setzte sie in die Richtung zu Ihm.

ERSTER MAURER

Moses hat gebrannt!
David hat gebrannt!
Jetzt brennen wir,
wir, die Überlebenden!
Sein Dornenstrauch in der Wüste
sind wir, wir, wir!

ZWEITER MAURER

Wir brennen,
und das hier ist unser Leuchter!
Er stampft mit dem Fuß die Erde.

DRITTER MAURER

Wir haben neue Wunder!
Unsere Wüste hatte auch Wachteln und Mannabrot;
eine Zeit lebte ich von Schnee,
aß Wolken und Himmel auf –

EIN ZIMMERMANN

Was sagst du zu dem Geheimnis einer Kartoffelschale,
die über die Sintflut des Hasses an meine Füße spülte.
Das ist meine Arche gewesen.
Wenn ich jetzt »Gott« sage,
weißt du, woher die Kraft kommt.

GÄRTNER *mit einem Apfelbaum*

Für einen neuen Adam,
für eine neue Eva!

ALLE *singen*

Wir brennen, wir brennen,
das neue Haus zu bauen –

DAJAN *trinkt am Brunnen*

Ich fürchte, ihr schachtet nicht tief genug,
Die Grundmauern werden nur Leichtlebiges tragen!
Der neue Pentateuch, sage ich Euch, der neue Pentateuch,

steht mit dem Schimmel der Angst geschrieben
auf den Wänden der Todeskeller!

ERSTER MAURER

Qual der Würmer am Angelhaken,
Qual der Fische über den Wurm,
Qual des Käfers unter meinem Fuß –
genug der Totengräberspaten! *Zum Dajan*
Spar dein Erinnerungsheu für den nächsten Winter –
hier ist frisches Gras.
Er bekränzt ein Mädchen
Staubanbeter sind wir.
Solange der Staub solche Früchte gebiert,
werden wir in seinem Acker wühlen
und die Staubparadiese schaffen
mit den Äpfeln,
die wie trübe Vorbedeutungen nach Abschied riechen –

DER GÄRTNER *mit dem Apfelbaum*

Das kommt von der fremden Erde.
Der Erzväterstaub fehlt,
nährte den Etrog –
Rahel mit den Brunnenaugen nährte ihn –
David, der Lämmerhirt.
Meine Finger krümmen sich,
die Wurzeln in fremde Erde zu senken –

ERSTER MAURER

Vielleicht wird die Luft
ein neues Pflanzgebiet werden,
bei den neuen Erfindungen –
Etrog in der Luft,
Heimat in der Luft –

ALLE *singen*

Wir brennen, wir brennen –

DAJAN *für sich*

Ich sah Einen sein eigenes Fleisch benagen,

sich wie der Mond nach einer Seite rundend,
und magernd hin zur andern Welt –
Ich sah ein Kind lächeln,
bevor es in die Flammen geworfen wurde –
Wo bleibt das?
Mein Gott, wo bleibt das?

Vorhang

Zehntes Bild

Landstraße. Die Bäume zu beiden Seiten, umgebrochen oder verbrannt. Felder, vom Kriege zerfurcht. Blühendes Unkraut darüber wuchernd. Scherenschleifer und Hausierer Mendel wandern zusammen. Dieser fährt auf einem Handkarren seinen Kram.

SCHERENSCHLEIFER *rückwärts zeigend*
Sind da Alle etwas angekantet, Bruder mein.
MENDEL
Wer im Dunkeln sitzt,
zündet sich einen Traum an –
Wer die Braut verliert,
umarmt die Luft –
Wem der Tod das Kleid strich,
daß er schrie,
an dem essen die Gedanken wie Würmer –
Aber gut, daß ich die Ware gerettet hatte
unter dem Gestein.
Der Verdienst war nicht schlecht heute –
SCHERENSCHLEIFER
Was meinte der Mann da,

als er den mit den schlenkrigen Schultern
und euch Andere herauszählte?

MENDEL

Wie soll ich das wissen?
Ich sah einmal einen Rutengänger.
Die Rute schlug auf,
wenn eine Quelle gefunden war.
So sucht der Dajan überall
nach der Quelle des Hasses,
die man Israel zu trinken gab.
Aber wenn ich es auch besser wüßte,
du, von einem andern Stamm,
wie sollte ich es dir erklären können?

SCHERENSCHLEIFER

Warum sagst du, Bruder, solche Worte!
Als wir auf dem Heuboden lagen,
beim Polen Jarislaw auf dem Heuboden,
da waren wir beide eins!
Augen nur, den Feind zu erspähn,
Ohren nur, auf das Knarren der Stiege zu achten –
Haare auf dem Kopf,
um zum Himmel zu steigen in feuchter Angst –
kam *ein* Schlaf zu uns,
ein Hunger, *ein* Erwachen,
kam die gelbäugige Eule,
die Zweige sammelt,
wenn sie den Tod riecht –
sah ins Bodenfenster,
schrie wie eine Henkerstochter,
wenn der eine gehabt hätte:
Uhu!

MENDEL

Du hattest einen Gurgellaut im Traum
wie ein Ertrinkender –

SCHERENSCHLEIFER
 Du sprachst soviel von einem Licht,
 das deinen Kram entzündet hätte –
MENDEL
 Hörst du die Grillen, Bruder?
SCHERENSCHLEIFER
 Nein.
MENDEL
 Schade;
 es ist der hellste Laut auf dieser Welt,
 nicht jedes Ohr nimmt ihn auf.
 Aber sahst du eine?
SCHERENSCHLEIFER
 Nein –
MENDEL
 Noch mehr schade;
 sie sitzen da, wo das Unsichtbare beginnt.
 Sie betteln schon an der Pforte des Paradieses,
 sagte die Großmutter zu uns Kindern.
 Einmal aber saß eine Grille
 auf einer Rolle rosa Atlasband –
SCHERENSCHLEIFER *zu einem verwilderten Hund, der vorüberläuft*
 Komm, komm, Kamerad.
 Mit deinen vier Pfoten
 kannst du meine beiden begleiten.
 Hat der Mendel seine Grille,
 hab ich meinen Hund.
 Schleif ich, wird er bellen –
 Sind zwei, über die der Wind fährt,
 zwei zum Hungern und Draußenstehn,
 mit der Erde unter unsern Pfoten.
 Geht in seine Pupille Sonne, Mond und Sterne –
 und eine ganze Welt.

O du warmer, laufender Erdensand
mit zwei Spiegeln –
Ein bettelhafter Greis kommt ihnen entgegen.
MENDEL
Wer bist du, Väterchen?
DER ALTE
Ich bin nicht und auch kein Väterchen!
MENDEL
Du bist nicht, aber du redest doch!
Woher kommst du?
DER ALTE *zeigt auf das Scherenschleiferrad*
Bist du ein Scherenschleifer?
SCHERENSCHLEIFER
Ja.
DER ALTE
So weißt du Bescheid.
SCHERENSCHLEIFER
Warum antwortest du wie im Fragespiel?
DER ALTE
Darum, weil im Stein Feuer ist,
also Leben
und im Messer Tod –
Also schleifst du täglich das Leben mit dem Tod.
Daher komme ich.
SCHERENSCHLEIFER
Lebendig aus dem Tod?
DER ALTE
Wo die Mörder mein Volk in die Erde säten.
O, sein Same sollte sein sternenreich!
SCHERENSCHLEIFER
Aber du?
DER ALTE
Ich wurde nur halb gesät,
lag schon im Grab.

Wußte schon, wie die Wärme aus dem Fleisch geht –
aus den Knochen das Bewegliche fortgeht –
hörte schon die Sprache des Gebeins, wenns zerfällt –
Sprache des Bluts, wenns gerinnt –
Sprache des Staubs,
wenn er neu um die Liebe wirbt –

SCHERENSCHLEIFER

Aber wie wurdest du gerettet?

MENDEL

Hast einen Ring gehabt,
eine schöne Perle in Kauf gegeben,
das Leben bezahlt mit einem heimlichen Schein?

DER ALTE

Armensäcke,
mit Fragen ausgestopft und mit Gezänk.
Was wißt ihr,
wenn die Leiber leer werden,
rauschen wie die Muscheln,
o, wenn sie auffahren mit den weißlockigen Wogen
der Ewigkeit?

SCHERENSCHLEIFER

Aber sage uns, wie wurdest du gerettet?

DER ALTE

Waren wir geflohen,
der Amschel, der braune Jehudi und ich.
Hat man drei Länder eingefangen,
drei Sprachen eingefangen,
hat Hände eingefangen
und sie ihr Grab graben lassen,
ihren Tod anfassen lassen.
Hat die Leiber erschlagen
und den Abhub hinuntergegossen –
Wieviel Milliarden Qualenmeilen von Ihm!

MENDEL UND SCHERENSCHLEIFER
   Aber du, du?
DER ALTE
   Der Soldat,
   der die Erde über uns zuschüttete
   und uns begrub –
   gesegnet sei er –
   er sah bei der Laterne Schein,
   denn es war Nacht,
   daß sie mich nicht genug geschlagen hatten,
   und daß sich meine Augen öffneten,
   und er holte mich heraus
   und verbarg mich –
SCHERENSCHLEIFER
   Sehr unglaubwürdig.
MENDEL
   Man kann nicht wissen,
   sprich nur weiter.
DER ALTE
   Es hatte der Soldat –
   dies sagte er mir später –
   am gleichen Morgen einen Brief von seiner Mutter
      bekommen.
   Gesegnet sei sie!
   Darum war er nicht berauscht wie die andern
   und sah das Zwinkern meiner Augen.
   Die Mutter schrieb:
   »Diesen Brief wollte ich eigentlich zu den Strümpfen legen,
   den selbstgestrickten.
   Aber die Sehnsucht ließ mir keine Ruhe –«
   gesegnet sei sie!
   »Und ich schreibe schon heute
   und warte nicht, bis sie fertig sind.
   Der Anzug aber, der blaue,

ist gebürstet und an die Luft gehängt,
wegen des Mottenpulvers.
So riecht er nicht mehr,
wenn du kommst.«
Aber es war nicht so,
daß sie den Brief gleich einstecken konnte,
denn sie wurde krank über Nacht.
Da kam eine Nachbarin –
gesegnet sei sie! –
fragte nach dem Ergehn –
aber eigentlich wollte sie nur eine Zwiebel haben –
eine kleine Zwiebel für die Kartoffeln,
denn zu Ende waren ihre eigenen.
O, daß sie Kartoffeln aß
und keine Rüben –
Gesegnet seien alle Zwiebeln! –
und sie erhielt eine Zwiebel
und nahm den Brief zur Post
und der Soldat erhielt ihn an jenem Morgen,
und berauschte sich nicht wie die andern –
und sah das Zwinkern meiner Augen –

SCHERENSCHLEIFER

Wieviel Zwiebelschalen haben sich da zusammengetan
zu deiner Rettung!
Und was wird weiter keimen
aus deinem Zwiebelglück?

DER ALTE

Ich geh zum Rabbi in die Gräberstadt.
Der Leib will nicht mehr halten,
Sand hat den Sand berührt –
doch nun sterbe ich den *einen* Tod,
der andere, in der Handmuskel eines Henkers sitzend,
wie ein Dietrich in des Diebes Faust,
den brauch ich nicht mehr,

ich hab den rechten Schlüssel. *Er geht weiter.*
Scherenschleifer und Mendel wandern.
MENDEL
Ich freue mich, ich freue mich!
SCHERENSCHLEIFER
Was erfreut dich, Bruder?
MENDEL
Ich freue mich,
daß ich dem Michael ein paar Schnürbänder schenkte
für seine Wanderschuhe.
Kommt er ins Paradies,
hat er meine Schnürbänder am Fuß!
Auch war des Eli' Sterbehemd von meinem Zeug –
SCHERENSCHLEIFER
Warum war es gut,
daß du dem Schuhmacher die Schnürbänder gabst,
und warum soll er sterben,
jung wie er ist?
MENDEL *geheimnisvoll*
Ich weiß es nicht,
aber gut ist es auf jeden Fall.
Ein Sechsunddreißiger kann er sein,
auf dessen Taten die Welt ruht –
einer, der dem Lauf der Gewässer folgt
und die Erde sich drehen hört –
bei dem die Ader hinter dem Ohr,
die bei uns nur in der Sterbestunde schlägt,
jeden Tag schlägt,
einer, der Israels Wanderschuhe zu Ende trägt –
SCHERENSCHLEIFER
Komm, mein Hund,
du siehst aus, als ob du Hunger hättest;
die Zunge hängt dir aus dem Hals,
also bist du auch durstig –

Wir gehen in das Dorf,
wenn noch ein Halm vom Storchennest davon übrig ist,
zu einem Bauern,
sofern von ihm noch ein Fingernagel aufzutreiben ist,
suchen eine Sichel,
schärfen sie
und schneiden mit ihr das Unkraut auf dem Felde –
Vielleicht finden wir auch eine Wasserlache,
darin der Tod noch nicht seine blutigen Hände wusch –
und dann trinken wir –
Er grüßt und wandert mit dem Hund querfeldein.
MENDEL
Nun ist's wie vorher;
gerettet, aber allein!

Vorhang

Elftes Bild

Nacht. Wald. Unsichtbares Licht beleuchtet einen zerfallenen Schornstein und einige Bäume mit verrenkten Ästen. Michael auf der Wanderschaft bleibt stehn und lauscht.

STIMME AUS DEM SCHORNSTEIN
Wir Steine sind die Letzten, die Israels Leib berührten.
Jeremias Leib im Rauch,
Hiobs Leib im Rauch,
die Klagelieder im Rauch,
der kleinen Kinder Wehklagen im Rauch,
der Mütter Wiegenlieder im Rauch –
Israels Freiheitsweg im Rauch –

STIMME EINES STERNS
    Ich bin der Essenkehrer gewesen,
    mein Licht wurde schwarz –
EIN BAUM
    Ich kann nicht mehr gerade stehn –
    Es hing an mir und schaukelte,
    als hingen alle Winde der Welt an mir und schaukelten –
ZWEITER BAUM
    Blut drang an meine Wurzeln –
    Alle Vögel, die in meiner Krone nisteten,
    hatten blutige Nester.
    Jeden Abend blute ich von neuem –
    Meine Wurzel steigt aus ihrem Grabe –
DIE SPUREN IM SANDE
    Wir füllten die letzten Minuten mit Tod.
    Reiften wie Äpfel von schweren Männerschritten –
    die Mütter, die uns anrührten, hatten Eile,
    aber die Kinder waren so leicht wie ein Frühlingsregen –
STIMME DER NACHT
    Hier sind ihre letzten Seufzer;
    ich bewahrte sie für dich,
    fühle sie!
    Ihre Wohnungen sind in den nie alternden Lüften –
    in den Atemzügen Kommender,
    unbegreiflich in der Trauer der Nacht –
    Während Michael lauscht, sieht man, wenig unterschieden
    von den Baumwurzeln, ein Wesen am Boden sitzen und an
    einem weißen Gebetmantel nähen. Neben ihm ein Toten-
    schädel im Grase.
DAS WESEN
    Michael!
MICHAEL *näher kommend*
    Hirsch, der Schneider,

sah bei Lebzeiten ähnlich aus.
Du hast verwesliche Gesellschaft neben dir –

DAS WESEN

Hirsch bin ich, der Schneider, und die Nachbarin da,
war jemandes Frau, vielleicht die meine –
Ich weiß es nicht – denn obgleich ich dort
er zeigt auf den Schornstein
als Tod angestellt war,
so ists schwer, über der Grenze was wiederzufinden.
Eine Minute nach Mitternacht
sieht alles gleich aus –
Aber wie dem auch sei,
hätte ich auf die Selige gehört,
so säß ich bei den Lebenden in Amerika,
unter denen ich einen Bruder habe
und nicht hier unter meines Gleichen.
Sieh, hat sie gesagt,
als es begann.
Du bist ein Hirsch,
also mußt du es ahnen,
die Juden sind überhaupt ein ahnendes Volk –:
es rühren sich die Messer in der Lade,
es knirscht die große Schneiderschere,
das Feuer im Herd aber bildet greuliche Gesichte
wie beim Weibe von Ensor –
Vor allem aber: ich fühle Blicke,
Blicke schielend wie die der Katze –
Michael, Michael –
dich haben sie nicht angerührt,
geschont haben sie deiner,
und hast dich ihnen gestellt überall,
sozusagen im Gegenwind,
hätte mein früherer Kunde, der Jägermeister, gesagt –
wie ein Wild,

Elftes Bild 51

das die Witterung verloren hat –
aber mich haben sie angestellt,
meiner herausstehenden Backenknochen wegen,
aber auch meiner Beine wegen.
Tod, du hast zwei Sichelmesser,
haben sie gesagt,
da geht es schneller.
Legst du nicht dein Volk in Rauch,
brennst du nicht dein Fleisch und Blut,
so lockern wir deine Beckenschraube
und nehmen deine beiden Sichelmesser fort.
Und dann hast du auch bessere Nahrung
als wir alle zusammen,
Rauch wiegt schwerer im Magen als Brot –
Er legt den Gebetmantel beiseite
Es ist zu dunkel, der da – *er zeigt auf den Totenkopf*
leuchtet nicht mehr –
Und ich habe sie gebrannt,
und ich habe Rauch gegessen,
und ich habe Ihn verheizt –
Und ich bin in den Wald gelaufen,
und es haben Himbeeren gestanden,
und ich habe Himbeeren gegessen,
nachdem ich Ihn verheizt habe,
und ich habe nicht sterben können,
weil ich der Tod bin –
aber sieh da – *schreiend*
sieh da –
DER SCHORNSTEIN
Ich bin der Lagerkommandant.
Marsch, marsch
gehen meine Gedanken aus meinem Kopf heraus!
Rauch beginnt aufzusteigen und sich in durchsichtige Gestalten zu verwandeln. Sterne und Mond strahlen ein schwarzes

Licht aus. Die Baumwurzeln sind Leichen mit verrenkten Gliedern. Das Wesen erhebt sich und wirft den Gebetmantel hoch in den Rauch.
EINE RIESENHAFTE GESTALT *umhüllt sich damit und steigt singend zum Himmel*
Höre Israel –
Er unser Gott –
Er, der Eine –
Der Schornstein stürzt zusammen.
DAS WESEN *wird getroffen, sterbend*
Höre Israel –
Er unser Gott,
Er Einer –
DIE FUSSPUREN IM SANDE
Sammle, sammle, Michael,
eine Zeit ist wieder da,
die sich abgelaufen hat –
hebe sie auf –
hebe sie auf –
MICHAEL *bückt sich, in den Fußspuren gehend*
Ein Todesminutensammler hat keine Körbe,
nur ein Herz zu füllen –

Vorhang

Zwölftes Bild

Grenze zum Nachbarland. Heide. Moor.

MICHAEL
 Alle Wegweiser zeigen nach unten.
 Fingerkräuter wachsen hier,
 aber nicht die,
 mit denen Myriam ihren kleinen Schuh füllte,
 daran die Spange riß:
 »Nähe sie, während die Finger dich streicheln« –
 Dies sind Finger von Menschenhänden.
STIMMEN DER FINGER
 Wir sind die Finger der Töter.
 Jeder hat einen erklügelten Tod angesteckt
 wie einen falschen Mondstein.
 Siehe, Michael, so etwa –
EIN FINGER *greift nach Michaels Kehle*
 Mein Finger hatte zum Spezialgebiet das Würgen,
 das Eindrücken des Kehlkopfs
 mit einer kleinen Wendung nach rechts. *Gurgelnder Laut.*
 Michael ist hingesunken.
STIMME DES ZWEITEN TÖTERS
 Deine Kniee, Michael,
 deine Handgelenke –
 hörst du, aus Glas –
 alles ist zerbrechlich auf Erden.
 Der Fromme pfeift auf den Staub,
 und hier ist ein Weinglas Blut –
MICHAEL
 Großer Tod, großer Tod, komm –
STIMME DES ZWEITEN TÖTERS
 Der ist aus der Mode.
 Hier sind die kleinen, niedlichen Tode –

Dein Nacken –
dort, wo das Haar flaumig wird –
STIMME DES DRITTEN TÖTERS
   Im Namen der Wissenschaft –
   diese Spritze –
   Wer sich opfert, scheint hell,
   wie faules Holz –
EIN LANGER KNÖCHERNER FINGER
   Keine Angst;
   ich will weder deiner Kehle gute Nacht sagen,
   noch deine Gelenke kränken.
   Ich bin nur der Dozentenfinger
   der neuen Weisheit.
   Ich will ein wenig mit deinem Weichbrot plaudern –
MICHAEL
   Fort –
STIMME DES DOZENTENFINGERS
   Hiob ist schwach geworden,
   müder Leiermann einer einst frischen Weise.
   Das Meer ist einesteils zu Pferdekräften,
   anderenteils zu Leitungswasser gestreckt worden.
   Ebbe und Flut sind in der Hand eines Mondmannes.
   Der Schuhmacher Michael
   näht Ober- und Unterleder zusammen
   mit seinem Faden aus Abfallsprodukt –
   Nähnadelheiliger!
   Schlief die Füllfeder unter euch,
   die euer Volk frei gekauft hätte?
STIMME DES WILD GESTIKULIERENDEN FINGERS
   Ich bin der Dirigentenfinger.
   Ich dirigierte die Musik zu ihrem Gutenacht.
   Marschmusik ist zu hören.
   Alt mußte die Erde werden,

bis der Haß,
der sich blutig mühte,
das Rätsel Jude zu lösen,
den Einfall bekam,
es aus der Welt zu werfen mit Musik –
Die Musik wird schwächer.
Die Finger, von einem Riesenfinger an Fäden gehalten, tanzen ihre jeweilige Tätigkeit. Dozentenfinger klopft auf Michaels Kopf. Die Erde fällt wie ein schwarzer Apfel.

MICHAEL *schreiend*
 Ist dieser Stern verloren?
ECHO
 Verloren –
MICHAELS STIMME
 Höre ...

Vorhang

Dreizehntes Bild

Offenes Feld. Michael am Boden liegend, erhebt sich. Ein Bauer mit einer Kuh am Halfter nähert sich.

MICHAEL
 Die Finger zeigten zuletzt nach dieser Richtung,
 Mörder verraten den Mörder zum Schluß.
 Wie friedlich sich diese Gegend bei Tagesschein ausnimmt.
 Die Grillen zirpen,
 ein Eichelhäher ruft seine Gesellin.
 Die Kuh hat das gleiche Urweltgesicht,
 als wäre es eben von der Hand des Schöpfers gestreichelt
  worden.

Wie überall schmeckt jetzt der Bauer das Geheimnis des
    Weizenkornes ab.
Zum Bauern
Einen guten Abend,
ist wohl eine Schuhmacherwerkstatt hier in der Nähe?

BAUER

Kommst wohl von drüben hinter der Grenze,
hast eine Sterbestirn –

MICHAEL

Woran siehst du's?

BAUER

Wenn einer zwischen den Augen etwas leuchten hat,
groß wie eine Schneeflocke –

MICHAEL

Mag sein,
daß der Tod meines Volkes an mir leuchtet.

BAUER

Bist ein Pole oder Jude gar?

MICHAEL

Auf dieser Erde bin ich beides.

BAUER

Das ist viel!
Dort unten hinter der großen Weide
geht der Weg zum Dorf.
Neben dem Wirtsgarten
ist die Schuhmacherwerkstatt.
Ein Kind ist herzugekommen. Michael zieht die Pfeife hervor und pfeift.

KIND

Hätt ich eine solche Pfeife,
so würde ich Tag und Nacht pfeifen,
im Schlafe würd' ich pfeifen –

MICHAEL

Sie ist von einem toten Kind –

BAUER *wiederholend*
  Von einem toten Kind –
MICHAEL
  Von einem Knaben,
  der ermordet wurde –
BAUER
  Der ermordet wurde –
MICHAEL
  Als man seine Eltern zum Tode antrieb,
  lief er im Hemde nach –
BAUER
  Im Hemde nach –
MICHAEL
  Auf dieser Pfeife pfiff er um Hilfe zu Gott –
BAUER
  Pfiff er um Hilfe zu Gott –
MICHAEL
  Da erschlug ihn ein Soldat –
BAUER
  Da erschlug ihn ein Soldat –
  Michael pfeift. Kinder, Kälber, Schafe und Fohlen springen heran. Die Mütter heben ihre Kleinen hoch; einige Männer, mit der Sichel in der Hand, senken ihre Köpfe.

Vorhang

Vierzehntes Bild

Haus des Dorfschullehrers. Im Garten stehen der Lehrer und sein Sohn und sehen in die große Linde hinauf. Knaben üben sich, auf eine Vogelscheuche im Acker, die aus früheren Kriegsgeräten und Metallteilen besteht, Steine zu werfen.

EIN KNABE *nach dem Wurf*
 Das klang, als ob jemand schrie.
KIND
 Ja, das war Isidor des Krämers Stimme,
 als wir ihn aus dem Dorf trieben.
 Oi, sagte er, oi,
 und da lag er im Graben.
KNABE
 Und griff nach seinem Käppchen,
 sieh, so, mit der Hand nach innen gebogen,
 das war seine Art beim Abwiegen –
 und der Hans rief:
 »Hast die Abendsonne im Käppchen?«
 und gab ihm noch einen –
LEHRER
 Da hängt der Bienenschwarm;
 horch, wie er musiziert.
 Das gibt Honig,
 nie hat die Linde so reich geblüht,
 welch Glück,
 daß sie vom Menschenkrieg verschont blieb.
KNABE
 Wie das hier riecht, Vater, o!
 Und der Honig dann aufs Brot, o!
MUTTER *vom Haus*
 Ich heb noch den Salat aus
 und schneid den Kerbel zur Suppe,

das Mittagessen ist bald fertig.
Willst du nicht den Schmetterlingskescher holen, Hans,
sieh die vielen Falter auf dem Thymian –
SOHN *hebt einen Stein auf*
Ja, gleich!
LEHRER
Laß die Vogelscheuche,
zuviel Leichengeruch im Acker,
der Krähen werden immer mehr –
KNABE *zeigt auf Michael*
Nein, dorthin will ich werfen.
LEHRER
Tu's nicht!
KNABE
Warum denn heute nicht und gestern ja?
LEHRER
Obgleich ich Rechenlehrer bin,
kann ich dieses mathematische Rätsel nicht lösen –
Michael geht vorbei.
KNABE *für sich*
Gestern hätte ich dir den Stein nachgesandt,
er wäre wohl dort, neben der Dunggrube niedergefallen,
nachdem er zwei Füße mit zum Fallen gebracht hätte;
heute bleibt er in meiner Hand,
aber ich werde ihn in den Teich werfen,
damit sich wenigstens etwas erschreckt –

Vorhang

Fünfzehntes Bild

Schuhmacherwerkstatt im Grenzdorf.

MEISTER
  Nein, so nicht, gewiß nicht!
  Nur – vielleicht seid ihr für uns
  wie Schuhe von früher, von noch früher.
  Niemandem haben sie gepaßt,
  gutes Leder, aber ungeeignet –
  nichts für unser Klima,
  vielleicht für die Wüsten,
  vielleicht fürs Heilige Land –
  vielleicht für die Märkte dort,
  wo die Isidore anders feilschen als bei uns –
  aber natürlich so,
  nein, das wollten wir nicht –
  so nicht –
MICHAEL
  Seit Abraham aus Ur auswanderte,
  haben wir uns bemüht,
  unsere Wohnung zu Ihm hinzubauen,
  wie andere nach der Sonnenseite bauen –
  Freilich, manche schlossen sich der entgegengesetzten
      Richtung an –
  Alte Hirten ließen die Sternenuhren schlagen
  und schliefen wie Isidor der Pfandleiher mit gekrümmten
      Fingern –
  Aber es war ein Knabe –
  Meister, die Sohle schreit in meiner Hand,
  sie dunstet nach Tod –
MEISTER
  Mag sein,

denn ein Rind hat seine Pfoten ausgestreckt
und dann –

EIN MANN *mit einem kleinen Kind an der Hand tritt ein*

Sind meine Stiefel fertig?

MEISTER

Der Geselle arbeitet gerade daran –

MICHAEL

Die Sohle ist nicht mehr zu flicken,
ein Riß geht in der Mitte –

DER MANN

So macht doch eine neue Sohle –

KIND

Vater, dies ist der Mann,
der die Pfeife hatte.
Dort liegt sie auf dem Blumentopf.
O, laß mich pfeifen!

DER MANN

Man pfeift nicht auf fremden Pfeifen.

DAS KIND *weinend*

Die Pfeife –

DER MANN

Sie weint,
weil sie Sehnsucht nach ihrer Mutter hat.
Immer hat sie nach etwas Sehnsucht:
einmal ist es die Drossel,
die sich die Futterbissen holte
und verschwand,
dann wieder der alte Schäferhund,
als er über die Bahnschranke lief
und überfahren wurde –

MICHAEL *laut*

Alles beginnt mit der Sehnsucht.
Auch dieses hier –

er läßt Erde vom Blumentopf durch seine Hände rieseln
und diese da –
er zeigt auf die Häute, daraus die Schuhe geschnitten werden.
KIND
  Die Pfeife –
DER MANN
  Ich werde dir eine Pfeife kaufen.
  Wenn du sie hast,
  so folgen dir alle Kinder
  und geben dir ihr Spielzeug –
KIND
  Nein, diese Pfeife,
  dann kommen die Kühe und die kleinen Kälber.
  Der Mann nimmt das Kind, um hinauszugehen.
SCHUHMACHERFRAU *auf der Schwelle*
  Ich habe auch eine Sehnsucht:
  Pächter, wann ist ein Braten übrig bei Euch;
  es ist meine Zunge,
  die sich sehnt.
  Was ist das wohl für eine Sehnsucht?

Vorhang

Sechzehntes Bild

Pächterhof. Schlafstube. Das Kind schläft.

DER MANN
  Überall Zähne.
  Hörst du, wie es klappert?
  Hohlzahn statt Hafer.
  Wendel steigt,

schüttelt die Mähne
und zeigt die Zähne.
Die Kälber trinken mit den Zähnen,
daß die Euter blutig werden –
der Roggen abgebissen – Zähne ohne Ratten –
Hörst du es, Frau,
hier in der Kammer,
da, da! *Sie zeigt auf die Wand.*
Zähne statt der Ziegel –
Frau, der Maurer muß an den Galgen –
FRAU
  So schweig doch,
  das Kind schläft,
  das Fieber ist sehr hoch!
DER MANN
  Nun klappert es,
  das ganze Haus klappert. – *Er klappert mit den Zähnen.*
KIND *im Traum*
  Alle Bäume wandern,
  alle Bäume wandern,
  heben ihre Wurzelfüße und wandern,
  wenn ich pfeife –
MANN *singend*
  Alle Schatten wandern,
  komm, liebes Bahrtuch,
  deck mir den weißen Mondzahn zu;
  war es nicht ein Milchzahn,
  der aus seinem Munde fiel mit der Pfeife –
  Frau, Frau
  die Milch hat Zähne,
  Zähne –
  Es klopft an das Fenster.
  Mann öffnet
  Wer da?

DER BÄCKER
   Bäcker Hans.
   Hier ist eine Zuckerbrezel fürs Ännchen.
   Die Eisenbrezel,
   mein guter Kundenaushang vom Judenbäcker aus Polen,
   ist rot geworden.
   Sie zischeln schon.
   Die toten Kinder lassen die Kuchenkrümel liegen,
   die ich ihnen zur Nacht hinstreue
   und schleppen das Süßbrot fort.
   Neulich saßen sie als Wespenschwarm
   auf dem Ladentisch.
   Das Schielaug schlug die Füße an das Holz,
   als wolle es sich warm machen,
   dann stieg es kerzengerade an die Decke
   und hing dort als Fliegenfänger.
   Morgens fiel es ab;
   die Fliegen hatten es aufgefressen.
DER MANN *bewegt die mondbeschienene Fensterscheibe*
   Sieh, so tatest du mit dem Schielauge –
   Hier ist die Brezel,
   dort ist die Brezel,
   bis es aufgehört hatte zu schielen.
   Nun schielt es dir den Tag weg,
   bei mir kaut ihn der Milchzahn.
BÄCKER
   Man sagt,
   du sollst ein heiliges Kind getötet haben?
DER MANN
   Lari, Fari, Futterwurzel;
   alle Kinder sind heilig.
BRIEFTRÄGER *kommt*
   Was zankt ihr um den Vorrang als Kindesmörder?

BÄCKER
 Paketwerfer von Schreihälsen.
 Hatte kein Absender
 das Wort »Zerbrechlich« darauf geschrieben?
BRIEFTRÄGER
 Mir war befohlen,
 auf den Empfänger zu achten
 und nicht auf den Absender!
ARZT *kommt aus der Krankenstube*
 Dein Kind ...
DIE FRAU *kommt*
 Das Kind ist tot!

Vorhang

Siebzehntes Bild

Landstraße. Zu beiden Seiten dichter Nadelwald. Michael wandert. Hinter einer Tanne steht der Mann.

MICHAEL
 Ein Blick trifft mich im Rücken,
 ich werde festgehalten.
 Sie sehen einander an.
MANN
 Wenn er den Kopf nicht nach hinten geworfen hätte,
 so hätte ich ihn nicht erschlagen,
 der Milchzahn wäre nicht mit der Pfeife herausgefallen!
 Aber – das war gegen die Ordnung –
 den Kopf nach hinten zu werfen –
 das mußte zurechtgerückt werden.
 Und wohin hat er gepfiffen?

Ein heimliches Signal?
Ein Zeichen durch die Luft –
außerhalb jeder Kontrolle –
Hilfe, Schuhmacher,
der Milchzahn wächst aus der Erde –
beginnt mich anzuknabbern –
durch meine Schuhe hindurch –
meine Füße zerfallen –
werden Erde – *schreiend*
Wo ist da die Ordnung, die Weltordnung –
Ich bin am Leben,
ich bin nicht tot –
nicht gehangen –
nicht verbrannt –
nicht lebendig in die Erde geworfen – – *brüllend*
Es ist ein Irrtum, ein Irrtum,
ich zerfalle, zerfalle –
Ich bin ein Stumpf –
sitze auf dem Sand,
der soeben noch mein Fleisch war –
Die Luft hat sich in Kreisen geöffnet. Es erscheint im ersten
Kreis der Embryo im Mutterleib mit dem brennenden Ur-
licht auf dem Kopf.

STIMME

Kind mit dem Gotteslicht,
lies in den Händen des Mörders.

DER MANN

Meine Hände, meine Hände –
geht nicht fort, o meine Hände – *Die Hände zerfallen.*
Der Horizont öffnet sich als größter Kreis. Ein blutender
Mund wie eine niedergehende Sonne erscheint.

STIMME

Öffne dich,
stummer Mund des Samuel!

STIMME DES SAMUEL

Eli! *Der Mutterleib zerfließt in Rauch. Das Urlicht heftet sich an Michaels Stirn.*

MICHAEL

Zerfallender!
Seine Augen werden Löcher –
das Licht sucht sich andere Spiegel.
Ich sehe durch die Löcher –
Brille für Sonnenfinsternis –
in deinen Schädel,
der die Welt einrahmt,
die du wie befohlen darin eingepackt hattest,
wie in einen Soldatentornister –
Da liegt sie – zuckend,
ein Insektenstern mit ausgerissenen Flügeln –
Es rührt sich eine Hand darin,
die einen Blitz gestohlen hat –
Ein Rabe verzehrt ein Menschenbein –
der Blitz verzehrt den Raben –
Ich sehe nichts mehr –

STIMME

Fußspuren Israels,
sammelt euch!
Letzte Erdenminuten Israels,
sammelt euch!
Letzte Leidensminuten,
sammelt euch!

MICHAEL

Unter meinen Füßen fährt es auf.
Aus meinen Händen stürzt es hin.
Mein Herz gießt etwas aus –

STIMME

Deine Schuhe sind vertreten – komm!
Michael wird ergriffen und verschwindet.

In den Wohnungen des Todes

Meinen toten Brüdern und Schwestern

Dein Leib im Rauch durch die Luft

Und wenn diese meine Haut zerschlagen sein wird,
so werde ich ohne mein Fleisch Gott schauen.
Hiob

O DIE SCHORNSTEINE
Auf den sinnreich erdachten Wohnungen des Todes,
Als Israels Leib zog aufgelöst in Rauch
Durch die Luft –
Als Essenkehrer ihn ein Stern empfing
Der schwarz wurde
Oder war es ein Sonnenstrahl?

O die Schornsteine!
Freiheitswege für Jeremias und Hiobs Staub –
Wer erdachte euch und baute Stein auf Stein
Den Weg für Flüchtlinge aus Rauch?

O die Wohnungen des Todes,
Einladend hergerichtet
Für den Wirt des Hauses, der sonst Gast war –
O ihr Finger,
Die Eingangsschwelle legend
Wie ein Messer zwischen Leben und Tod –

O ihr Schornsteine,
O ihr Finger,
Und Israels Leib im Rauch durch die Luft!

Es gibt Steine wie Seelen.
Rabbi Nachman

AN EUCH, DIE DAS NEUE HAUS BAUEN

Wenn du dir deine Wände neu aufrichtest –
Deinen Herd, Schlafstatt, Tisch und Stuhl –
Hänge nicht deine Tränen um sie, die dahingegangen,
Die nicht mehr mit dir wohnen werden
An den Stein
Nicht an das Holz –
Es weint sonst in deinen Schlaf hinein,
Den kurzen, den du noch tun mußt.

Seufze nicht, wenn du dein Laken bettest,
Es mischen sich sonst deine Träume
Mit dem Schweiß der Toten.

Ach, es sind die Wände und die Geräte
Wie die Windharfen empfänglich
Und wie ein Acker, darin dein Leid wächst,
Und spüren das Staubverwandte in dir.

Baue, wenn die Stundenuhr rieselt,
Aber weine nicht die Minuten fort
Mit dem Staub zusammen,
Der das Licht verdeckt.

O DER WEINENDEN KINDER Nacht!
Der zum Tode gezeichneten Kinder Nacht!
Der Schlaf hat keinen Eingang mehr.
Schreckliche Wärterinnen

Sind an die Stelle der Mütter getreten,
Haben den falschen Tod in ihre Handmuskeln gespannt,
Säen ihn in die Wände und ins Gebälk –
Überall brütet es in den Nestern des Grauens.
Angst säugt die Kleinen statt der Muttermilch.

Zog die Mutter noch gestern
Wie ein weißer Mond den Schlaf heran,
Kam die Puppe mit dem fortgeküßten Wangenrot
In den einen Arm, –
Kam das ausgestopfte Tier, lebendig
In der Liebe schon geworden,
In den andern Arm,
Weht nun der Wind des Sterbens,
Bläst die Hemden über die Haare fort,
Die niemand mehr kämmen wird.

WER ABER leerte den Sand aus euren Schuhen,
Als ihr zum Sterben aufstehen mußtet?
Den Sand, den Israel heimholte,
Seinen Wandersand?
Brennenden Sinaisand,
Mit den Kehlen von Nachtigallen vermischt,
Mit den Flügeln des Schmetterlings vermischt,
Mit dem Sehnsuchtsstaub der Schlangen vermischt,
Mit allem was abfiel von der Weisheit Salomos vermischt,
Mit dem Bitteren aus des Wermuts Geheimnis vermischt –

O ihr Finger,
Die ihr den Sand aus Totenschuhen leertet,
Morgen schon werdet ihr Staub sein
In den Schuhen Kommender!

AUCH DER GREISE
Letzten Atemzug, der schon den Tod anblies
Raubtet ihr noch fort.
Die leere Luft,
Zitternd vor Erwartung, den Seufzer der Erleichterung
Zu erfüllen, mit dem diese Erde fortgestoßen wird –
Die leere Luft habt ihr beraubt!

Der Greise
Ausgetrocknetes Auge
Habt ihr noch einmal zusammengepreßt
Bis ihr das Salz der Verzweiflung gewonnen hattet –
Alles was dieser Stern
An Krümmungen der Qual besitzt,
Alles Leiden aus den dunklen Verliesen der Würmer
Sammelte sich zuhauf –

O ihr Räuber von echten Todesstunden,
Letzten Atemzügen und der Augenlider *Gute Nacht*
Eines sei euch gewiß:

Es sammelt der Engel ein
Was ihr fortwarft,
Aus der Greise verfrühter Mitternacht
Wird sich ein Wind der letzten Atemzüge auftun,
Der diesen losgerissenen Stern
In seines Herrn Hände jagen wird!

EIN TOTES KIND SPRICHT

Die Mutter hielt mich an der Hand.
Dann hob Jemand das Abschiedsmesser:

Die Mutter löste ihre Hand aus der meinen,
Damit es mich nicht träfe.
Sie aber berührte noch einmal leise meine Hüfte –
Und da blutete ihre Hand –

Von da ab schnitt mir das Abschiedsmesser
Den Bissen in der Kehle entzwei –
Es fuhr in der Morgendämmerung mit der Sonne hervor
Und begann, sich in meinen Augen zu schärfen –
In meinem Ohr schliffen sich Winde und Wasser,
Und jede Trostesstimme stach in mein Herz –

Als man mich zum Tode führte,
Fühlte ich im letzten Augenblick noch
Das Herausziehen des großen Abschiedsmessers.

Und das Sinken geschieht
um des Steigens willen.
Buch Sohar

EINER WAR,
Der blies den Schofar –
Warf nach hinten das Haupt,
Wie die Rehe tun, wie die Hirsche
Bevor sie trinken an der Quelle.
Bläst:
Tekia
Ausfährt der Tod im Seufzer –
Schewarim
Das Samenkorn fällt –
Terua
Die Luft erzählt von einem Licht!
Die Erde kreist und die Gestirne kreisen

Im Schofar,
Den Einer bläst –
Und um den Schofar brennt der Tempel –
Und Einer bläst –
Und um den Schofar stürzt der Tempel –
Und Einer bläst –
Und um den Schofar ruht die Asche –
Und Einer bläst –

HÄNDE
Der Todesgärtner,
Die ihr aus der Wiegenkamille Tod,
Die auf den harten Triften gedeiht
Oder am Abhang,
Das Treibhausungeheuer eures Gewerbes gezüchtet habt.
Hände,
Des Leibes Tabernakel aufbrechend,
Der Geheimnisse Zeichen wie Tigerzähne packend –
Hände,
Was tatet ihr,
Als ihr die Hände von kleinen Kindern waret?
Hieltet ihr eine Mundharmonika, die Mähne
Eines Schaukelpferdes, faßtet der Mutter Rock im Dunkel,
Zeigtet auf ein Wort im Kinderlesebuch –
War es Gott vielleicht, oder Mensch?

Ihr würgenden Hände,
War eure Mutter tot,
Eure Frau, euer Kind?
Daß ihr nur noch den Tod in den Händen hieltet,
In den würgenden Händen?

SCHON VOM ARM des himmlischen Trostes umfangen
Steht die wahnsinnige Mutter
Mit den Fetzen ihres zerrissenen Verstandes,
Mit den Zundern ihres verbrannten Verstandes
Ihr totes Kind einsargend,
Ihr verlorenes Licht einsargend,
Ihre Hände zu Krügen biegend,
Aus der Luft füllend mit dem Leib ihres Kindes,
Aus der Luft füllend mit seinen Augen, seinen Haaren
Und seinem flatternden Herzen –

Dann küßt sie das Luftgeborene
Und stirbt!

WELCHE GEHEIMEN WÜNSCHE des Blutes,
Träume des Wahnes und tausendfach
Gemordetes Erdreich
Ließen den schrecklichen Marionettenspieler entstehen?

Er, der mit schäumendem Munde
Furchtbar umblies
Die runde, kreisende Bühne seiner Tat
Mit dem aschgrau ziehenden Horizont der Angst!

O die Staubhügel, die, wie von bösem Mond gezogen
Die Mörder spielten:

Arme auf und ab,
Beine auf und ab
Und die untergehende Sonne des Sinaivolkes
Als den roten Teppich unter den Füßen.

Arme auf und ab,
Beine auf und ab
Und am ziehenden aschgrauen Horizont der Angst
Riesengroß das Gestirn des Todes
Wie die Uhr der Zeiten stehend.

Ehe es wächst, lasse ich euch es erlauschen.
Jesaia

LANGE HABEN WIR das Lauschen verlernt!
Hatte Er uns gepflanzt einst zu lauschen
Wie Dünengras gepflanzt, am ewigen Meer,
Wollten wir wachsen auf feisten Triften,
Wie Salat im Hausgarten stehn.

Wenn wir auch Geschäfte haben,
Die weit fort führen
Von Seinem Licht,
Wenn wir auch das Wasser aus Röhren trinken,
Und es erst sterbend naht
Unserem ewig dürstenden Mund –
Wenn wir auch auf einer Straße schreiten,
Darunter die Erde zum Schweigen gebracht wurde
Von einem Pflaster,
Verkaufen dürfen wir nicht unser Ohr,
O, nicht unser Ohr dürfen wir verkaufen.
Auch auf dem Markte,
Im Errechnen des Staubes,
Tat manch einer schnell einen Sprung
Auf der Sehnsucht Seil,
Weil er etwas hörte,
Aus dem Staube heraus tat er den Sprung
Und sättigte sein Ohr.

Preßt, o preßt an der Zerstörung Tag
An die Erde das lauschende Ohr,
Und ihr werdet hören, durch den Schlaf hindurch
Werdet ihr hören
Wie im Tode
Das Leben beginnt.

IHR ZUSCHAUENDEN

Unter deren Blicken getötet wurde.
Wie man auch einen Blick im Rücken fühlt,
So fühlt ihr an euerm Leibe
Die Blicke der Toten.

Wieviel brechende Augen werden euch ansehn
Wenn ihr aus den Verstecken ein Veilchen pflückt?
Wieviel flehend erhobene Hände
In dem märtyrerhaft geschlungenen Gezweige
Der alten Eichen?
Wieviel Erinnerung wächst im Blute
Der Abendsonne?

O die ungesungenen Wiegenlieder
In der Turteltaube Nachtruf –
Manch einer hätte Sterne herunterholen können,
Nun muß es der alte Brunnen für ihn tun!

Ihr Zuschauenden,
Die ihr keine Mörderhand erhobt,
Aber die ihr den Staub nicht von eurer Sehnsucht
Schütteltet,
Die ihr stehenbliebt, dort, wo er zu Licht
Verwandelt wird.

LANGE SCHON fielen die Schatten.
Nicht sind gemeint jetzt
Jene lautlosen Schläge der Zeit
Die den Tod füllen –
Des Lebensbaumes abgefallene Blätter –

Die Schatten des Schrecklichen fielen
Durch das Glas der Träume,
Von Daniels Deuterlicht erhellt.

Schwarzer Wald wuchs erstickend um Israel,
Gottes Mitternachtssängerin.
Sie verging im Dunkeln,
Namenlos geworden.

O ihr Nachtigallen in allen Wäldern der Erde!
Gefiederte Erben des toten Volkes,
Wegweiser der gebrochenen Herzen,
Die ihr euch füllt am Tage mit Tränen,
Schluchzet es aus, schluchzet es aus
Der Kehle schreckliches Schweigen vor dem Tod.

Gebete für den toten Bräutigam

DIE KERZE, die ich für dich entzündet habe,
Spricht mit der Luft der Flammensprache Beben,
Und Wasser tropft vom Auge; aus dem Grabe
Dein Staub vernehmlich ruft zum ewgen Leben.

O hoher Treffpunkt in der Armut Zimmer.
Wenn ich nur wüßte, was die Elemente meinen;
Sie deuten dich, denn alles deutet immer
Auf dich; ich kann nichts tun als weinen.

NACHT, mein Augentrost du, ich habe meinen Geliebten
    verloren!
Sonne, du trägst sein Blut in deinem Morgen- und Abendgesicht.
O mein Gott, wird wo auf Erden ein Kind jetzt geboren,
Laß es nicht zu, daß sein Herz vor der blutenden Sonne zerbricht.

Mörder, aus welchem Grabstaub warst du einmal so schrecklich
    bekleidet?
Trug ihn ein Wind von einem Stern, den ein Nachtmahr behext
Wie Totenschnee hinab auf eine Schar, die sich zu Gott
    hindurchleidet,
Mörder, an deinen Händen zehnfacher Marterpfahl wächst.

Darum auch spürtest du nicht der Liebe Zittern im Morden,
Da sie ein letztes Mal aus soviel Küssen dich angehaucht –
Darum ist ihr, der Hiobzerschlagenen, keine Antwort geworden,
Die dich zu Ihm wieder, zu Ihm wieder, hätte untergetaucht!

VIELLEICHT ABER braucht Gott die Sehnsucht, wo sollte sonst
    sie auch bleiben,
Sie, die mit Küssen und Tränen und Seufzern füllt die
    geheimnisvollen Räume der Luft –
Vielleicht ist sie das unsichtbare Erdreich, daraus die glühenden
    Wurzeln der Sterne treiben –
Und die Strahlenstimme über die Felder der Trennung, die zum
    Wiedersehn ruft?
O mein Geliebter, vielleicht hat unsere Liebe in den Himmel
    der Sehnsucht schon Welten geboren –
Wie unser Atemzug, ein – und aus, baut eine Wiege für Leben
    und Tod?
Sandkörner wir beide, dunkel vor Abschied, und in das goldene
    Geheimnis der Geburten verloren,
Und vielleicht schon von kommenden Sternen, Monden und
    Sonnen umloht.

AUCH DIR, du mein Geliebter,
Haben zwei Hände, zum Darreichen geboren,
Die Schuhe abgerissen,
Bevor sie dich töteten.
Zwei Hände, die sich darreichen müssen
Wenn sie zu Staub zerfallen.
Deine Schuhe waren aus einer Kalbshaut.
Wohl waren sie gegerbt, gefärbt,
Der Pfriem hatte sie durchstochen –
Aber wer weiß, wo noch ein letzter lebendiger
Hauch wohnt?
Während der kurzen Trennung
Zwischen deinem Blut und der Erde
Haben sie Sand hineingespart wie eine Stundenuhr
Die jeden Augenblick Tod füllt.

Deine Füße!
Die Gedanken eilten ihnen voraus.
Die so schnell bei Gott waren,
So wurden deine Füße müde,
Wurden wund um dein Herz einzuholen.
Aber die Kalbshaut,
Darüber einmal die warme leckende Zunge
Des Muttertieres gestrichen war,
Ehe sie abgezogen wurde –
Wurde noch einmal abgezogen
Von deinen Füßen,
Abgezogen –
O du mein Geliebter!

Alles Vergeßnen
gedenkst du von Ewigkeit her.

DU GEDENKST der Fußspur, die sich mit Tod füllte
Bei dem Annahen des Häschers.
Du gedenkst der bebenden Lippen des Kindes
Als sie den Abschied von seiner Mutter erlernen mußten.
Du gedenkst der Mutterhände, die ein Grab aushöhlten
Für das an ihrer Brust Verhungerte.
Du gedenkst der geistesverlorenen Worte,
Die eine Braut in die Luft hineinredete zu ihrem toten
      Bräutigam.

In den Wohnungen des Todes

Die Gewänder des Morgens sind nicht
die Gewänder des Abends.
Buch Sohar

QUAL, Zeitmesser eines fremden Sterns,
Jede Minute mit anderem Dunkel färbend –
Qual deiner erbrochenen Tür,
Deines erbrochenen Schlafes,
Deiner fortgehenden Schritte,
Die das letzte Leben hinzählten,
Deiner zertretenen Schritte,
Deiner schleifenden Schritte,
Bis sie aufhörten Schritte zu sein für mein Ohr.
Qual um das Ende deiner Schritte
Vor einem Gitter,
Dahinter die Flur unserer Sehnsucht zu wogen begann –
O Zeit, die nur nach Sterben rechnet,
Wie leicht wird Tod nach dieser langen Übung sein.

ICH SAH eine Stelle, wo ein Herd stand –
Auch fand ich einen Männerhut –
O, mein Geliebter, welcher Sand
Weiß um dein Blut?

Die Schwelle, die liegt ohne Tür
Sie liegt zum Beschreiten bereit –
Dein Haus, mein Geliebter, ich spür
Ist ganz von Gott verschneit.

IM MORGENGRAUEN,
Wenn ein Vogel das Erwachen übt –
Beginnt die Sehnsuchtsstunde allen Staubes
Den der Tod verließ.

O Stunde der Geburten,
Kreißend in Qualen, darin sich die erste Rippe
Eines neuen Menschen bildet.

Geliebter, die Sehnsucht deines Staubes
Zieht brausend durch mein Herz.

WENN ICH nur wüßte,
Worauf dein letzter Blick ruhte.
War es ein Stein, der schon viele letzte Blicke
Getrunken hatte, bis sie in Blindheit
Auf den Blinden fielen?

Oder war es Erde,
Genug, um einen Schuh zu füllen,
Und schon schwarz geworden
Von soviel Abschied
Und von soviel Tod bereitet?

Oder war es dein letzter Weg,
Der dir das Lebewohl von allen Wegen brachte
Die du gegangen warst?

Eine Wasserlache, ein Stück spiegelndes Metall,
Vielleicht die Gürtelschnalle deines Feindes,
Oder irgend ein anderer, kleiner Wahrsager
Des Himmels?

Oder sandte dir diese Erde,
Die keinen ungeliebt von hinnen gehen läßt
Ein Vogelzeichen durch die Luft,
Erinnernd deine Seele, daß sie zuckte
In ihrem qualverbrannten Leib?

Ich sah, daß er sah.
Jehuda Zwi

DEINE AUGEN, o du mein Geliebter,
Waren die Augen der Hindin,
Mit der Pupillen langen Regenbögen
Wie nach fortgezogenen Gottgewittern –
Bienenhaft hatten die Jahrtausende
Den Honig der Gottesnächte darin gesammelt,
Der Sinaifeuer letzte Funken –
O ihr durchsichtigen Türen
Zu den inneren Reichen,
Über denen soviel Wüstensand liegt,
Soviel Qualenmeilen zu o Ihm gehn –
O ihr erloschenen Augen,
Deren Seherkraft nun hinausgefallen ist
In die goldenen Überraschungen des Herrn,
Von denen wir nur die Träume wissen.

Grabschriften in die Luft geschrieben

DER HAUSIERER [G. F.]

Du hattest einen weiten Weg zu gehn
Von Nadeln und Zwirn bis zu den Engeln –
Der Tod kam deinen Kram besehn,
An einer Sichel sang sein Dengeln,
Aufgingen Scheren wie im Windeswehn
Der Mond lag bleichend auf dem Linnen.
Sand leerte sich aus einem Kinderschuh –
Du aber standst im schrecklichen Beginnen
Und nahmst an Angst wie an Gewichten zu.
Doch deine Füße, längst gewohnt das Wandern
Wußten nun den Weg, den andern.
Deine Augen, die die Elle abgemessen
Tauten Spiegel aus dem längst Vergessen.
Deine Hände, die die Münze nahmen
Starben wie zwei Beter mit dem Amen.

DIE MARKTHÄNDLERIN [B. M.]

Sanfte Tiere zu verkaufen war dein Tun auf einem Markt
 auf Erden,
Lockendes sprachst du wie eine Hirtin zu den Käuferherden.

Umstrahlt von heimkehrenden Fischen im
 Tränengloriengewand
Versteckten Füßen der Tauben die geschrieben für Engel
 im Sand.

Deine Finger, das blutge Geheimnis berührend und abschiedsrot
Nahmen die kleinen Tode hinein in den riesigen Tod.

DER SPINOZAFORSCHER [H. H.]

Du last und hieltest eine Muschel in der Hand.
Der Abend kam mit zarter Abschiedsrose.
Dein Zimmer wurde mit der Ewigkeit bekannt
Und die Musik begann in einer alten Dose.

Der Leuchter brannte in dem Abendschein;
Du branntest von der fernen Segnung.
Die Eiche seufzte aus dem Ahnenschrein
Und das Vergangne feierte Begegnung.

DIE TÄNZERIN   [D. H.]

Deine Füße wußten wenig von der Erde,
Sie wanderten auf einer Sarabande
Bis zum Rande –
Denn Sehnsucht war deine Gebärde.

Wo du schliefst, da schlief ein Schmetterling
Der Verwandlung sichtbarstes Zeichen,
Wie bald solltest du ihn erreichen –
Raupe und Puppe und schon ein Ding

In Gottes Hand.
Licht wird aus Sand.

DER NARR   [H. F.]

Fast hättest du Sterne in deinen Kranz gewunden
Aber der Erdrausch ließ sich leichter runden.

Die Kröte mit dem Mondenstein
Sah zur Mitternacht in dein Fenster hinein.

Da hättest du die Musik der Welten gehört –
Aber du schliefst weiter, nur wenig gestört.

Auf der Dämmerungsbrücke beim Hahnenschrei
Hattest du vom Fischfang der Nacht keine Beute dabei.

Wahrsager, der Träume und Karten mischt
Und dem ein Wind sein Licht verlischt.

In den Wohnungen des Todes

DIE SCHWACHSINNIGE   [B. H.]

Du stiegst auf einen Berg aus Sand
Hilfloses Wandern zu Ihm!
Und glittest hinab; dein Zeichen verschwand.
Für dich stritten die Cherubim.

DER RUHELOSE   [K. F.]

Alle Landstraßen wurden enger und enger.
Wer war dein Bedränger?

Du kamst nie zum Ziel!
Wie im Ziehharmonikaspiel

Wurden sie wieder auseinandergerissen –
Denn auch im Auge ist kein Wissen.

In die blaue Ferne gehn
Berge und Sterne und Apfelbaumalleen.

Windmühlen schlagen wie Stundenuhren
Die Zeit; bis sie verlöscht die Spuren.

DER MARIONETTENSPIELER   [K. G.]

Die weite Welt war zu dir eingegangen
Mit Sand im Schuh und Ferne an den Wangen.

Am Sonnenfaden zogst du sie herein
Da ruhte sie auf deinem Meilenstein.

Die Schwalbe baute in Elias Haaren
Ihr Nest; bis er in Sehnsucht aufgefahren.

Der Totengräber nach dem Rätsel grabend
Fand eine Jungfrau in dem Rosenabend.

Das Zwillingspaar aus Lächeln und aus Weinen
Versuchte sich in Liebe zu vereinen.

So tanzte Erde rund mit ihrer Sternmusik
Auf deiner Hand; bis sie verlassen schwieg.

DIE MALERIN   [M. Z.]

So gingst du, eine Bettlerin, und öffnetest die Tür:
Tod, Tod wo bist du –
Unterm Fuß du –
Zum Schlafmeer mich führ –
Ich wollte die Liebsten malen
Sie fangen schon an zu fahlen
Wie ich den Finger rühr.

Der Sand in meinem löchrigen Schuh
Das warst du – du – du –
Male ich Sand der einmal Fleisch war –
Oder Goldhaar – oder Schwarzhaar –
Oder die Küsse und deine schmeichelnde Hand
Sand male ich, Sand – Sand – Sand –

DIE ABENTEURERIN   [A. N.]

Wohl spieltest du mit nichts als Wasserbällen
Die lautlos an der Luft zerschellen.

Aber das siebenfarbige Licht
Gab jeder sein Gesicht.

Einen Herzschlag nur
Wie Engelflur.

Doch dein letztes Abenteuer –
Still; eine Seele ging aus dem Feuer.

DER STEINSAMMLER   [E. C.]

Du hast der Erdenzeiten Stille
Gesammelt in den Steinen.
Wieviel Morgenröten im Berylle
Wieviel Fernen im Kristalle scheinen

Mit der Biene, die auf einer Wicke
Abertausendjährgen Honig braute,
Doch Opal mit seinem Seherblicke
Längst dein Sterben dir schon anvertraute.

Du, aus Menschennächten losgebrochen
Sprichst die Lichtersprache aus den Rissen –
Die man spricht, wenn das Gehäus durchstochen
Und von der wir nur die Funken wissen.

DIE ERTRUNKENE   [A. N.]

Immer suchtest du die Perle, am Tage deiner Geburt verloren.
Das Besessne suchtest du, Musik der Nacht in den Ohren.

Meerumspülte Seele, Taucherin du, bis zum Grunde.
Fische, die Engel der Tiefe, leuchten im Licht deiner Wunde.

DIE ALLES VERGESSENDE   [A. R.]

Aber im Alter ist alles ein großes Verschwimmen.
Die kleinen Dinge fliegen fort wie die Immen.

Alle Worte vergaßt du und auch den Gegenstand;
Und reichtest deinem Feind über Rosen und Nesseln die Hand.

Chöre nach der Mitternacht

CHOR DER VERLASSENEN DINGE

Krug im Schutt
War ich der Krug, daraus der Abend floß wie Wein
Und manchmal ein gefangner Mond zum Rosenstock?
Die Sterbenacht der Greisin fing ich ein
Als schon ihr Atem keuchte wie die Geiß am Pflock.
O Krüge, Krüge! in ein Abschiedsmaß gezwängt
Ist was wir halten; rinnende Natur.
Wir sind wie Herzen, draus es weiter drängt
Und stille steht wie Zeit in einer Uhr.

Ein halbverbranntes Licht
O Schattenspiegel mein! ich sah in dir, ich sah –
Die Hand aus Grabesstaub, die sich an einem Stern verging.
Die Zeit in ihrer Sterbewiege schrie – ich sah
Israels Mund in Qual, gebogen wie ein Ring.

Ein Schuh
Verlornes Menschenmaß; ich bin die Einsamkeit
Die ihr Geschwister sucht auf dieser Welt –
O Israel, von deiner Füße Leid
Bin ich ein Echo, das zum Himmel gellt.

Chor
Wir aber sind, seitdem wir Erde waren
Getrieben schon von euch durch soviel Tod –
Bist du ein Band, gepflückt aus Totenhaaren
Geh ein zum Wunder, werde Brot.
Hier ist ein Buch, darin die Welten kreisen

Und das Geheimnis flüstert hinter einem Spalt –
Wirf es ins Feuer, Licht wird nicht verwaisen
Und Asche schläft sich neu zur Sterngestalt.
Und tragen wir der Menschenhände Siegel
Und ihre Augen-Blicke eingesenkt wie Raub –
So lest uns wie verkehrte Schrift im Spiegel
Erst totes Ding und dann den Menschenstaub.

CHOR DER GERETTETEN

Wir Geretteten,
Aus deren hohlem Gebein der Tod schon seine Flöten schnitt,
An deren Sehnen der Tod schon seinen Bogen strich –
Unsere Leiber klagen noch nach
Mit ihrer verstümmelten Musik.
Wir Geretteten,
Immer noch hängen die Schlingen für unsere Hälse gedreht
Vor uns in der blauen Luft –
Immer noch füllen sich die Stundenuhren mit unserem
    tropfenden Blut.
Wir Geretteten,
Immer noch essen an uns die Würmer der Angst.
Unser Gestirn ist vergraben im Staub.
Wir Geretteten
Bitten euch:
Zeigt uns langsam eure Sonne.
Führt uns von Stern zu Stern im Schritt.
Laßt uns das Leben leise wieder lernen.
Es könnte sonst eines Vogels Lied,
Das Füllen des Eimers am Brunnen
Unseren schlecht versiegelten Schmerz aufbrechen lassen

Und uns wegschäumen –
Wir bitten euch:

Zeigt uns noch nicht einen beißenden Hund –
Es könnte sein, es könnte sein
Daß wir zu Staub zerfallen –
Vor euren Augen zerfallen in Staub.
Was hält denn unsere Webe zusammen?
Wir odemlos gewordene,
Deren Seele zu Ihm floh aus der Mitternacht
Lange bevor man unseren Leib rettete
In die Arche des Augenblicks.
Wir Geretteten,
Wir drücken eure Hand,
Wir erkennen euer Auge –
Aber zusammen hält uns nur noch der Abschied,
Der Abschied im Staub
Hält uns mit euch zusammen.

CHOR DER WANDERNDEN

Wir Wandernde,
Unsere Wege ziehen wir als Gepäck hinter uns her –
Mit einem Fetzen des Landes darin wir Rast hielten
Sind wir bekleidet –
Aus dem Kochtopf der Sprache, die wir unter Tränen erlernten,
Ernähren wir uns.

Wir Wandernde,
An jeder Wegkreuzung erwartet uns eine Tür
Dahinter das Reh, der waisenäugige Israel der Tiere
In seine rauschenden Wälder verschwindet

Und die Lerche über den goldenen Äckern jauchzt.
Ein Meer von Einsamkeit steht mit uns still
Wo wir anklopfen.
O ihr Hüter mit flammenden Schwertern ausgerüstet,
Die Staubkörner unter unseren Wanderfüßen
Beginnen schon das Blut in unseren Enkeln zu treiben –
O wir Wandernde vor den Türen der Erde,
Vom Grüßen in die Ferne
Haben unsere Hüte schon Sterne angesteckt.
Wie Zollstöcke liegen unsere Leiber auf der Erde
Und messen den Horizont aus –

O wir Wandernde,
Kriechende Würmer für kommende Schuhe,
Unser Tod wird wie eine Schwelle liegen
Vor euren verschlossenen Türen!

CHOR DER WAISEN

Wir Waisen
Wir klagen der Welt:
Herabgehauen hat man unseren Ast
Und ins Feuer geworfen –
Brennholz hat man aus unseren Beschützern gemacht –
Wir Waisen liegen auf den Feldern der Einsamkeit.
Wir Waisen
Wir klagen der Welt:
In der Nacht spielen unsere Eltern Verstecken mit uns –
Hinter den schwarzen Falten der Nacht
Schauen uns ihre Gesichter an,
Sprechen ihre Münder:
Dürrholz waren wir in eines Holzhauers Hand –

Aber unsere Augen sind Engelaugen geworden
Und sehen euch an,
Durch die schwarzen Falten der Nacht
Blicken sie hindurch –
Wir Waisen
Wir klagen der Welt:
Steine sind unser Spielzeug geworden,
Steine haben Gesichter, Vater- und Muttergesichter
Sie verwelken nicht wie Blumen, sie beißen nicht wie Tiere –
Und sie brennen nicht wie Dürrholz, wenn man sie in den
    Ofen wirft –
Wir Waisen wir klagen der Welt:
Welt warum hast du uns die weichen Mütter genommen
Und die Väter, die sagen: Mein Kind du gleichst mir!
Wir Waisen gleichen niemand mehr auf der Welt!
O Welt
Wir klagen dich an!

CHOR DER TOTEN

Wir von der schwarzen Sonne der Angst
Wie Siebe Zerstochenen –
Abgeronnene sind wir vom Schweiß der Todesminute.
Abgewelkt an unserem Leibe sind die uns angetanen Tode
Wie Feldblumen abgewelkt an einem Hügel Sand.
O ihr, die ihr noch den Staub grüßt als einen Freund
Die ihr, redender Sand zum Sande sprecht:
Ich liebe dich.

Wir sagen euch:
Zerrissen sind die Mäntel der Staubgeheimnisse
Die Lüfte, die man in uns erstickte,

Die Feuer, darin man uns brannte,
Die Erde, darin man unseren Abhub warf.
Das Wasser, das mit unserem Angstschweiß dahinperlte
Ist mit uns aufgebrochen und beginnt zu glänzen.
Wir Toten Israels sagen euch:
Wir reichen schon einen Stern weiter
In unseren verborgenen Gott hinein.

CHOR DER SCHATTEN

Wir Schatten, o wir Schatten!
Schatten von Henkern
Geheftet am Staube eurer Untaten –
Schatten von Opfern
Zeichnend das Drama eures Blutes an eine Wand.
O wir hilflosen Trauerfalter
Eingefangen auf einem Stern, der ruhig weiterbrennt
Wenn wir in Höllen tanzen müssen.
Unsere Marionettenspieler wissen nur noch den Tod.

Goldene Amme, die du uns nährst
Zu solcher Verzweiflung,
Wende ab o Sonne dein Angesicht
Auf daß auch wir versinken –
Oder laß uns spiegeln eines Kindes jauchzend
Erhobene Finger
Und einer Libelle leichtes Glück
Über dem Brunnenrand.

CHOR DER STEINE

Wir Steine
Wenn einer uns hebt
Hebt er Urzeiten empor –
Wenn einer uns hebt
Hebt er den Garten Eden empor –
Wenn einer uns hebt
Hebt er Adam und Evas Erkenntnis empor
Und der Schlange staubessende Verführung.

Wenn einer uns hebt
Hebt er Billionen Erinnerungen in seiner Hand
Die sich nicht auflösen im Blute
Wie der Abend.
Denn Gedenksteine sind wir
Alles Sterben umfassend.

Ein Ranzen voll gelebten Lebens sind wir.
Wer uns hebt, hebt die hartgewordenen Gräber der Erde.
Ihr Jakobshäupter,
Die Wurzeln der Träume halten wir versteckt für euch,
Lassen die luftigen Engelsleitern
Wie Ranken eines Windenbeetes sprießen.

Wenn einer uns anrührt
Rührt er eine Klagemauer an.
Wie der Diamant zerschneidet eure Klage unsere Härte
Bis sie zerfällt und weiches Herz wird –
Während ihr versteint.
Wenn einer uns anrührt
Rührt er die Wegscheiden der Mitternacht an
Klingend von Geburt und Tod.

Wenn einer uns wirft –
Wirft er den Garten Eden –
Den Wein der Sterne –
Die Augen der Liebenden und allen Verrat –

Wenn einer uns wirft im Zorne
So wirft er Äonen gebrochener Herzen
Und seidener Schmetterlinge.

Hütet euch, hütet euch
Zu werfen im Zorne mit einem Stein –
Unser Gemisch ist ein vom Odem Durchblasenes.
Es erstarrte im Geheimnis
Aber kann erwachen an einem Kuß.

CHOR DER STERNE

Wir Sterne, wir Sterne
Wir wandernder, glänzender, singender Staub –
Unsere Schwester die Erde ist die Blinde geworden
Unter den Leuchtbildern des Himmels –
Ein Schrei ist sie geworden
Unter den Singenden –
Sie, die Sehnsuchtsvollste
Die im Staube begann ihr Werk: Engel zu bilden –
Sie, die die Seligkeit in ihrem Geheimnis trägt
Wie goldführendes Gewässer –
Ausgeschüttet in der Nacht liegt sie
Wie Wein auf den Gassen –
Des Bösen gelbe Schwefellichter hüpfen auf ihrem Leib.

O Erde, Erde
Stern aller Sterne

Durchzogen von den Spuren des Heimwehs
Die Gott selbst begann –
Ist niemand auf dir, der sich erinnert an deine Jugend?
Niemand, der sich hingibt als Schwimmer
Den Meeren von Tod?
Ist niemandes Sehnsucht reif geworden
Daß sie sich erhebt wie der engelhaft fliegende Samen
Der Löwenzahnblüte?

Erde, Erde, bist du eine Blinde geworden
Vor den Schwesternaugen der Plejaden
Oder der Waage prüfendem Blick?

Mörderhände gaben Israel einen Spiegel
Darin es sterbend sein Sterben erblickte –

Erde, o Erde
Sterne aller Sterne
Einmal wird ein Sternbild Spiegel heißen.
Dann o Blinde wirst du wieder sehn!

CHOR DER UNSICHTBAREN DINGE

Klagemauer Nacht!
Eingegraben in dir sind die Psalmen des Schweigens.
Die Fußspuren, die sich füllten mit Tod
Wie reifende Äpfel
Haben bei dir nach Hause gefunden.
Die Tränen, die dein schwarzes Moos feuchten
Werden schon eingesammelt.

Denn der Engel mit den Körben
Für die unsichtbaren Dinge ist gekommen.
O die Blicke der auseinandergerissenen Liebenden
Die Himmelschaffenden, die Weltengebärenden
Wie werden sie sanft für die Ewigkeit gepflückt
Und gedeckt mit dem Schlaf des gemordeten Kindes,
In dessen warmem Dunkel
Die Sehnsüchte neuer Herrlichkeiten keimen.

Im Geheimnis eines Seufzers
Kann das ungesungene Lied des Friedens keimen.

Klagemauer Nacht,
Von dem Blitze eines Gebetes kannst du zertrümmert werden
Und alle, die Gott verschlafen haben
Wachen hinter deinen stürzenden Mauern
Zu ihm auf.

CHOR DER WOLKEN

Wir sind voller Seufzer, voller Blicke
Wir sind voller Lachen
Und zuweilen tragen wir eure Gesichter.
Wir sind euch nicht fern.
Wer weiß, wieviel von eurem Blute aufstieg
Und uns färbte?
Wer weiß, wieviel Tränen ihr durch unser Weinen
Vergossen habt? Wieviel Sehnsucht uns formte?
Sterbespieler sind wir
Gewöhnen euch sanft an den Tod.
Ihr Ungeübten, die in den Nächten nichts lernen.
Viele Engel sind euch gegeben
Aber ihr seht sie nicht.

CHOR DER BÄUME

O ihr Gejagten alle auf der Welt!
Unsere Sprache ist gemischt aus Quellen und Sternen
Wie die eure.
Eure Buchstaben sind aus unserem Fleisch.
Wir sind die steigend Wandernden
Wir erkennen euch –
O ihr Gejagten auf der Welt!
Heute hing die Hindin Mensch an unseren Zweigen
Gestern färbte das Reh die Weide mit Rosen um unseren
    Stamm
Eurer Fußspuren letzte Angst löscht aus in unserem Frieden
Wir sind der große Schattenzeiger
Den Vogelsang umspielt –
O ihr Gejagten alle auf der Welt!
Wir zeigen in ein Geheimnis
Das mit der Nacht beginnt.

CHOR DER TRÖSTER

Gärtner sind wir, blumenlos gewordene
Kein Heilkraut läßt sich pflanzen
Von Gestern nach Morgen.
Der Salbei hat abgeblüht in den Wiegen –
Rosmarin seinen Duft im Angesicht der neuen Toten verloren –
Selbst der Wermut war bitter nur für gestern.
Die Blüten des Trostes sind zu kurz entsprossen
Reichen nicht für die Qual einer Kinderträne.

Neuer Same wird vielleicht
Im Herzen eines nächtlichen Sängers gezogen.

Wer von uns darf trösten?
In der Tiefe des Hohlwegs
Zwischen Gestern und Morgen
Steht der Cherub
Mahlt mit seinen Flügeln die Blitze der Trauer
Seine Hände aber halten die Felsen auseinander
Von Gestern und Morgen
Wie die Ränder einer Wunde
Die offenbleiben soll
Die noch nicht heilen darf.

Nicht einschlafen lassen die Blitze der Trauer
Das Feld des Vergessens.

Wer von uns darf trösten?
Gärtner sind wir, blumenlos gewordene
Und stehn auf einem Stern, der strahlt
Und weinen.

CHOR DER UNGEBORENEN

Wir Ungeborenen
Schon beginnt die Sehnsucht an uns zu schaffen
Die Ufer des Blutes weiten sich zu unserem Empfang
Wie Tau sinken wir in die Liebe hinein.
Noch liegen die Schatten der Zeit wie Fragen
Über unserem Geheimnis.

Ihr Liebenden,
Ihr Sehnsüchtigen,
Hört, ihr Abschiedskranken:
Wir sind es, die in euren Blicken zu leben beginnen,

In euren Händen, die suchende sind in der blauen Luft –
Wir sind es, die nach Morgen Duftenden.
Schon zieht uns euer Atem ein,
Nimmt uns hinab in euren Schlaf
In die Träume, die unser Erdreich sind
Wo unsere schwarze Amme, die Nacht
Uns wachsen läßt,
Bis wir uns spiegeln in euren Augen
Bis wir sprechen in euer Ohr.

Schmetterlingsgleich
Werden wir von den Häschern eurer Sehnsucht gefangen –
Wie Vogelstimmen an die Erde verkauft –
Wir Morgenduftenden,
Wir kommenden Lichter für eure Traurigkeit.

STIMME DES HEILIGEN LANDES

O meine Kinder,
Der Tod ist durch eure Herzen gefahren
Wie durch einen Weinberg –
Malte *Israel* rot an alle Wände der Erde.

Wo soll die kleine Heiligkeit hin
Die noch in meinem Sande wohnt?
Durch die Röhren der Abgeschiedenheit
Sprechen die Stimmen der Toten:

Leget auf den Acker die Waffen der Rache
Damit sie leise werden –
Denn auch Eisen und Korn sind Geschwister
Im Schoße der Erde –

Wo soll denn die kleine Heiligkeit hin
Die noch in meinem Sande wohnt?

Das Kind im Schlafe gemordet
Steht auf; biegt den Baum der Jahrtausende hinab
Und heftet den weißen, atmenden Stern
Der einmal Israel hieß
An seine Krone.
Schnelle zurück, spricht es
Dorthin, wo Tränen Ewigkeit bedeuten.

Sternverdunkelung

Dem Andenken meines Vaters

Und reißend ist die Zeit

WENN WIE RAUCH der Schlaf einzieht in den Leib,
und wie ein erloschenes Gestirn, das anderswo entzündet wird,
der Mensch zu Grunde fährt,
steht der Streit still,
abgetriebene Mähre, die den Albdruck ihres Reiters
abgeworfen hat.
Aus ihrem heimlichen Takt entlassen
sind die Schritte,
die wie Brunnenschwengel an das Rätsel der Erde klopften.
Alle künstlichen Tode sind in ihre blutverwirrten Nester
    heimgekehrt.

Wenn wie Rauch der Schlaf einzieht in den Leib,
atmet das Kind gestillt, mit der Mondtrompete im Arm.
Die Träne verschläft ihre Sehnsucht zu fließen,
aber die Liebe ist alle Umwege zu Ende gegangen
und ruht in ihrem Beginn.
Jetzt ist die Zeit für das Kalb seine neue Zunge
am Leib der Mutter zu proben,
der falsche Schlüssel schließt nicht
und das Messer rostet hinein
bis in die blasse Heide der Morgendämmerung
die aus der Vergessenheit erblüht im furchtbaren Frührot.

Wenn wie Rauch der Schlaf auszieht aus dem Leib,
und der Mensch geheimnisgesättigt
die abgetriebene Mähre des Streites
aus dem Stalle treibt,
beginnt die feuerschnaubende Verbindung aufs neue

und der Tod erwacht in jeder Maienknospe
und das Kind küßt einen Stein
in der Sternverdunkelung.

ENGEL DER BITTENDEN,
nun, wo das Feuer wie ein reißendes Abendrot
alles Bewohnte verbrannte zu Nacht –
Mauern und Geräte, den Herd und die Wiege,
die alle abgefallenes Stückgut der Sehnsucht sind –
Sehnsucht, die fliegt im blauen Segel der Luft!

Engel der Bittenden,
auf des Todes weißem Boden, der nichts mehr trägt,
wächst der in Verzweiflung gepflanzte Wald.
Wald aus Armen mit der Hände Gezweig,
eingekrallt in die Feste der Nacht, in den Sternenmantel.
Oder den Tod pflügend, ihn, der das Leben bewahrt.

Engel der Bittenden,
im Wald, der nicht rauscht,
wo die Schatten Totenmaler sind
und die durchsichtigen Tränen der Liebenden
das Samenkorn.
Wie vom Sturm ergriffen, reißen
die mondverhafteten Mütter ihre Wurzeln aus
und mit Knistern der Greise Dürrholz verfällt.
Aber immer noch spielen die Kinder im Sande,
formen übend ein Neues aus der Nacht heraus
denn warm sind sie noch von der Verwandlung.

Engel der Bittenden,
segne den Sand,

laß ihn die Sprache der Sehnsucht verstehn,
daraus ein Neues wachsen will aus Kinderhand,
immer ein Neues!

NACHT, NACHT,
daß du nicht in Scherben zerspringst,
nun wo die Zeit mit den reißenden Sonnen
des Martyriums
in deiner meergedeckten Tiefe untergeht –
die Monde des Todes
das stürzende Erdendach
in deines Schweigens geronnenes Blut ziehn –

Nacht, Nacht,
einmal warst du der Geheimnisse Braut
schattenliliengeschmückt –
In deinem dunklen Glase glitzerte
die Fata Morgana der Sehnsüchtigen
und die Liebe hatte ihre Morgenrose
dir zum Erblühen hingestellt –
Einmal warst du der Traummalereien
jenseitiger Spiegel und orakelnder Mund –

Nacht, Nacht,
jetzt bist du der Friedhof
für eines Sternes schrecklichen Schiffbruch geworden –
sprachlos taucht die Zeit in dir unter
mit ihrem Zeichen:
Der stürzende Stein
und die Fahne aus Rauch!

AUF DASS DIE VERFOLGTEN NICHT VERFOLGER WERDEN

Schritte –
In welchen Grotten der Echos
seid ihr bewahrt,
die ihr den Ohren einst weissagtet
kommenden Tod?

Schritte –
Nicht Vogelflug, noch Schau der Eingeweide,
noch der blutschwitzende Mars
gab des Orakels Todesauskunft mehr –
nur Schritte –

Schritte –
Urzeitspiel von Henker und Opfer,
Verfolger und Verfolgten,
Jäger und Gejagt –

Schritte
die die Zeit reißend machen
die Stunde mit Wölfen behängen,
dem Flüchtling die Flucht auslöschen
im Blute.

Schritte
die Zeit zählend mit Schreien, Seufzern,
Austritt des Blutes bis es gerinnt,
Todesschweiß zu Stunden häufend –

Schritte der Henker
über Schritten der Opfer,
Sekundenzeiger im Gang der Erde,
von welchem Schwarzmond schrecklich gezogen?

In der Musik der Sphären
wo schrillt euer Ton?

O DU WEINENDES HERZ der Welt!
Zwiespältig Samenkorn
aus Leben und Tod.
Von dir wollte Gott gefunden werden
Keimblatt der Liebe.

Bist du verborgen in einer Waise,
die am Geländer des Lebens
schwer stützend weitergeht?
Wohnst du bei ihr, dort
wo der Stern sein sicherstes Versteck hat?

O du weinendes Herz der Welt!
Auch du wirst auffahren
wenn die Zeit erfüllt ist.
Denn nicht häuslich darf die Sehnsucht bleiben
die brückenbauende
von Stern zu Stern!

ERDE,
alle Saiten deines Todes haben sie angezogen,
zu Ende haben sie deinen Sand geküßt;
der ist schwarz geworden
von soviel Abschied und soviel Tod bereiten.

Oder fühlen sie, daß du sterben mußt?
Die Sonne ihr Lieblingskind verlieren wird

und deine Ozeane,
deine schäumenden, lichtentzündeten Wasserpferde
an den Mond geseilt werden,
der in azurgefärbter Nacht
ein neues Becken für die Sehnsucht weiß?

Erde,
viele Wunden schlagen sie in deine Rinde
deine Sternenschrift zu lesen
die in Nächte gehüllt ist bis zu Seinem Thron hinauf.

Aber wie Pilze wachsen die kleinen Tode
an ihren Händen,
damit löschen sie deine Leuchten,
schließen die Wächteraugen der Cherubim
und die Engel, die Tränenverspäteten, die Goldgräber
in den Schmerzgebirgen,
die Blumen aus dem Blätterwerk Mensch,
haben sie wieder tief unter den Grabsteinen
der Tiergötter vergraben.

Erde,
wenn auch ihre Liebe ausgewandert ist,
ihre Brände ausgebrannt,
und es leise geworden ist auf dir und leer –

vielleicht augenlose Stelle am Himmel,
darin andere Gestirne zu leuchten beginnen
bienenhaft vom Dufte des Gewesenen angezogen –

so wird dein namenloser Staub, den sie benannt,
dem sie soviele Wandernamen gaben
durch sie ins Gold der Ewigkeit gemünzt
doch seine selige Heimat haben.

O IHR TIERE!

Euer Schicksal dreht sich wie der Sekundenzeiger
mit kleinen Schritten
in der Menschheit unerlöster Stunde.

Und nur der Hahnenschrei,
mondaufgezogen,
weiß vielleicht
eure uralte Zeit!

Wie mit Steinen zugedeckt ist uns
eure reißende Sehnsucht
und wissen nicht was brüllt
im abschiedrauchenden Stall,
wenn das Kalb von der Mutter
gerissen wird.

Was schweigt im Element des Leidens
der Fisch zappelnd zwischen Wasser und Land?

Wieviel kriechender und geflügelter Staub
an unseren Schuhsohlen,
die stehn wie offene Gräber am Abend?

O der kriegszerrissene Leib des Pferdes
an dem fraglos die Fliegen stechen
und die Ackerblume durch die leere Augenhöhle wächst!

Nicht der sterndeutende Bileam
wußte von eurem Geheimnis,
als seine Eselin
den Engel im Auge behielt!

GOLEM TOD!
Ein Gerüst ist gestellt
und die Zimmerleute gekommen
und wie die Meute der Hunde
lechzend,
laufen sie deiner Schattenspirale nach.

Golem Tod!
Nabel der Welt,
dein Skelett breitet die Arme
mit falschem Segen!
Deine Rippen legen sich auf die Breitengrade der Erde
richtig zugemessen!

Golem Tod!
Am Bette des Waisenkindes
stehen die vier Cherubim
mit vorgeschlagenen Flügeln,
angesichtsverhüllt –
während auf den Feldern
das Kraut der Entzweiung gepflanzt wird
und verfallene Gärtner
am Mond die Äpfel reifen lassen!

Am Sternenhimmel aber wiegt
der Greis mit der Waage
das weinende Ende
von der Wolke zum Wurm!

Golem Tod!
Niemand aber vermag dich zu heben
aus der Zeit hinaus –
denn geborgt ist dein Rauschblut

und dein eisenumschütteter Leib
zerfällt mit allem Kehricht
wieder in den Beginn!

In den Ruinen aber wohnt doppelte Sehnsucht!
Der Stein umschläft grün mit Moos sich
und Sternblumen im Gras
und goldene Sonnen auf Stengeln entstehn.

Und in den Wüsten
sieht man Schönes in der Ferne,
und wer die Braut verlor
umarmt die Luft,
denn nicht kann Geschaffenes ganz zugrunde gehn –

Und alle entgleisten Sterne
finden mit ihrem tiefsten Fall
immer zurück in das ewige Haus.

GESCHIRMT SIND die Liebenden
unter dem zugemauerten Himmel.
Ein geheimes Element schafft ihnen Atem
und sie tragen die Steine in die Segnung
und alles was wächst
hat nur noch eine Heimat bei ihnen.

Geschirmt sind die Liebenden
und nur für sie schlagen noch die Nachtigallen
und sind nicht ausgestorben in der Taubheit
und des Waldes leise Legenden, die Rehe,
leiden in Sanftmut für sie.

Geschirmt sind die Liebenden
sie finden den versteckten Schmerz der Abendsonne
auf einem Weidenzweig blutend –
und üben in den Nächten lächelnd das Sterben,
den leisen Tod
mit allen Quellen, die in Sehnsucht rinnen.

Die Muschel saust

ABRAHAM

O du
aus dem mondversiegelten Ur,
der du im Sande der abtropfenden Sintfluthügel
die sausende Muschel
des Gottesgeheimnisses fandst –

O du
der du aus dem weinenden Sternbild Babylons
den Äon des lebenden Lebens hobst –
das Samenkorn des himmlischen Landmannes warfst
bis in den feurigen Abend des Heute darin die Ähre brennt.

O du
der aus Widderhörnern die neuen Jahrtausende geblasen
bis die Weltenecken sich bogen im Heimwehlaut –

O du
der die Sehnsucht an den Horizont der unsichtbaren Himmel
heftete
die Engel in die Länder der Nacht berief –
die Beete der Träume bereitete
für die Schar der sich übersteigenden Propheten –

O du
aus dessen ahnendem Blut
sich das Schmetterlingswort *Seele* entpuppte,
der auffliegende Wegweiser ins Ungesicherte hin –

O du
aus Chaldäas Sterndeuterhafen
unruhige Welle, die in unseren Adern
noch immer sucht voll Tränen ihr Meer.

O Abraham,
die Uhren aller Zeiten,
die sonnen- und monddurchleuchteten
hast du auf Ewigkeit gestellt –

O dein wunderbrennender Äon,
den wir mit unseren Leibern ans Ende bringen müssen –
dort, wo alle Reife hinfällt!

JAKOB

O Israel,
Erstling im Morgengrauenkampf
wo alle Geburt mit Blut
auf der Dämmerung geschrieben steht.
O das spitze Messer des Hahnenschreis
der Menschheit ins Herz gestochen,
o die Wunde zwischen Nacht und Tag
die unser Wohnort ist!

Vorkämpfer,
im kreißenden Fleisch der Gestirne
in der Nachtwachentrauer
daraus ein Vogellied weint.

O Israel,
du einmal zur Seligkeit endlich Entbundener –

des Morgentaus tröpfelnde Gnade
auf deinem Haupt –

Seliger für uns,
die in Vergessenheit Verkauften,
ächzend im Treibeis
von Tod und Auferstehung
und vom schweren Engel über uns
zu Gott verrenkt
wie du!

WENN DIE PROPHETEN einbrächen
durch Türen der Nacht,
den Tierkreis der Dämonengötter
wie einen schauerlichen Blumenkranz
ums Haupt gewunden –
die Geheimnisse der stürzenden und sich hebenden
Himmel mit den Schultern wiegend –

für die längst vom Schauer Fortgezogenen –

Wenn die Propheten einbrächen
durch Türen der Nacht,
die Sternenstraßen gezogen in ihren Handflächen
golden aufleuchten lassend –

für die längst im Schlaf Versunkenen –

Wenn die Propheten einbrächen
durch Türen der Nacht
mit ihren Worten Wunden reißend

in die Felder der Gewohnheit,
ein weit Entlegenes hereinholend
für den Tagelöhner

der längst nicht mehr wartet am Abend –

Wenn die Propheten einbrächen
durch Türen der Nacht
und ein Ohr wie eine Heimat suchten –

Ohr der Menschheit
du nesselverwachsenes,
würdest du hören?
Wenn die Stimme der Propheten
auf dem Flötengebein der ermordeten Kinder
blasen würde,
die vom Märtyrerschrei verbrannten Lüfte
ausatmete –
wenn sie eine Brücke aus verendeten Greisenseufzern
baute –

Ohr der Menschheit
du mit dem kleinen Lauschen beschäftigtes,
würdest du hören?

Wenn die Propheten
mit den Sturmschwingen der Ewigkeit hineinführen
wenn sie aufbrächen deinen Gehörgang mit den Worten:
Wer von euch will Krieg führen gegen ein Geheimnis
wer will den Sterntod erfinden?

Wenn die Propheten aufständen
in der Nacht der Menschheit

wie Liebende, die das Herz des Geliebten suchen,
Nacht der Menschheit
würdest du ein Herz zu vergeben haben?

HIOB

O du Windrose der Qualen!
Von Urzeitstürmen
in immer andere Richtungen der Unwetter gerissen;
noch dein Süden heißt Einsamkeit.
Wo du stehst, ist der Nabel der Schmerzen.

Deine Augen sind tief in deinen Schädel gesunken
wie Höhlentauben in der Nacht
die der Jäger blind herausholt.
Deine Stimme ist stumm geworden,
denn sie hat zuviel *Warum* gefragt.

Zu den Würmern und Fischen ist deine Stimme eingegangen.
Hiob, du hast alle Nachtwachen durchweint
aber einmal wird das Sternbild deines Blutes
alle aufgehenden Sonnen erbleichen lassen.

DANIEL, Daniel –
die Orte ihres Sterbens
sind in meinem Schlaf erwacht –
dort, wo ihre Qual mit dem Welken der Haut verging
haben die Steine die Wunde
ihrer abgebrochenen Zeit gewiesen –
haben sich die Bäume ausgerissen

die mit ihren Wurzeln
die Verwandlung des Staubes
zwischen Heute und Morgen fassen.

Sind die Verliese mit ihren erstickten Schreien
aufgebrochen,
die mit ihrer stummen Gewalt
den neuen Stern gebären helfen –
ist der Weg mit den Hieroglyphen ihrer Fußspuren
in meine Ohren gerieselt
wie in Stundenuhren,
die der Tod erst wendet.

O die gräberlosen Seufzer in der Luft,
die sich in unseren Atem schleichen –
Daniel, Daniel,
wo bist du schreckliches Traumlicht?

Der ungedeuteten Zeichen sind zu viele geworden –

O wir Quellenlose,
die wir keine Mündung mehr verstehn,
wenn sich das Samenkorn im Tode
des Lebens erinnert –

Daniel, Daniel,
vielleicht stehst du zwischen Leben und Tod
in der Küche, wo in deinem Schein
auf dem Tische liegt
der Fisch mit den ausgerissenen Purpurkiemen,
ein König des Schmerzes?

ABER DEINE BRUNNEN
sind deine Tagebücher
o Israel!

Wieviel Münder hast du geöffnet
im vertrockneten Sand,
die Scheibe des Todes abgeschnitten
vom lebenden Leben.

Wieviel leuchtende Wurzeln der Sehnsucht
hast du aus der Tiefe gehoben
wieviel Gestirnen hast du Spiegel aufgetan,
ihr Geschmeide in den dunkel
weinenden Schlaf gelegt.

Denn deine Brunnen
sind deine Tagebücher
o Israel!

Als Abraham grub in Ber Seba
heftete er mit sieben Schwüren
den Namen seines Herrn
in die Heimat des Wassers.

Ihr, durch das Fleisch der Erde Dürstenden,
viele Begegnungen sind euch aufbewahrt
im fließenden Gebetschrein der Brunnen.
Gesicht des Engels
über Hagars Schulter geneigt
wie eine Nebelhaut
ihren Tod fortblasend.

Redender Fels mit der bitteren
Wasserzunge zu Mara,

die mit verlorenem Geheimnis getaucht
zur Süße sich wandelte –

Deine Tagebücher
sind in die leuchtenden Augen
der Wüsten geschrieben
o Israel!

Schlagrutenhaft
dein Herz zuckt
wo die Schalen der Nacht
eine Brunnentiefe halten,
darunter die Landschaften Gottes
zu blühen beginnen,
die du, Erinnernder unter den Völkern,
hinaufhebst
mit dem Krug deines Herzens –
hinaufhebst
in die brunnenlosen Räume
der Vergessenheit!

WARUM die schwarze Antwort des Hasses
auf dein Dasein, Israel?

Fremdling du,
einen Stern von weiterher
als die anderen.
Verkauft an diese Erde
damit Einsamkeit fort sich erbe.

Deine Herkunft verwachsen mit Unkraut –
deine Sterne vertauscht

gegen alles was Motten und Würmern gehört,
und doch von den Traumsandufern der Zeit
wie Mondwasser fortgeholt in die Ferne.

Im Chore der anderen
hast du gesungen
einen Ton höher
oder einen Ton tiefer –

der Abendsonne hast du dich ins Blut geworfen
wie ein Schmerz den anderen sucht.
Lang ist dein Schatten
und es ist späte Zeit für dich geworden
Israel!

Wie weit dein Weg von der Segnung
den Äon der Tränen entlang
bis zu der Wegbiegung
da du in Asche gefallen,

dein Feind mit dem Rauch
deines verbrannten Leibes
deine Todverlassenheit
an die Stirn des Himmels schrieb!

O solcher Tod!
Wo alle helfenden Engel
mit blutenden Schwingen
zerrissen im Stacheldraht
der Zeit hingen!

Warum die schwarze Antwort des Hasses
auf dein Dasein
Israel?

SINAI

Du Truhe des Sternschlafs
aufgebrochen in der Nacht,
wo alle deine Schätze,
die versteinten Augen der Liebenden,
ihre Münder, Ohren, ihr verwestes Glück
in die Herrlichkeit gerieten.
Rauchend vor Erinnerung schlugst du aus
da die Hand der Ewigkeit deine Sanduhr wendete –
die Libelle im Bluteisenstein
ihre Schöpferstunde wußte –

Sinai
von deinem Gipfel
Moses trug,
schrittweise abkühlend
den geöffneten Himmel
an seiner Stirn herab,
bis die im Schatten Harrenden
das unter dem schützenden Tuche Brodelnde
schauernd ertrugen –

Wo ist noch ein Abkömmling
aus der Erschauerten Nachfolge?
O so leuchte er auf
im Haufen der Erinnerungslosen,
Versteinten!

DAVID

Samuel sah –
hinter der Blindenbinde des Horizontes –
Samuel sah –
im Entscheidungsbereich
wo die Gestirne entbrennen, versinken,
David den Hirten
durcheilt von Sphärenmusik.
Wie Bienen näherten sich ihm die Sterne
Honig ahnend –

Als die Männer ihn suchten
tanzte er, umraucht
von der Lämmer Schlummerwolle,
bis er stand
und sein Schatten auf einen Widder fiel –

Da hatte die Königszeit begonnen –
Aber im Mannesjahr
maß er, ein Vater der Dichter,
in Verzweiflung
die Entfernung zu Gott aus,
und baute der Psalmen Nachtherbergen
für die Wegwunden.

Sterbend hatte er mehr Verworfenes
dem Würmertod zu geben
als die Schar seiner Väter –
Denn von Gestalt zu Gestalt
weint sich der Engel im Menschen
tiefer in das Licht!

SAUL

Saul, der Herrscher, abgeschnitten vom Geiste
wie eine Brennschnur erloschen –

Einen Fächer von Fragen tragend in der Hand –
das Wahrsageweib mit der Antwort, auf Nachtgaloschen

beunruhigt den Sand.
Und Samuels, des Propheten Stimme,

gerissen aus dem Lichterkreis
spricht wie verwelkte Erinnerung in die Luft –

und das Licht wie eine verzückte Imme
sein Ausgefahrnes in die Ewigkeit ruft.

Über Saul, dem Herrscher, steht eine Krone aus Sterben –
und das Weib liegt wie vom Lichte verbrannt –

und die Macht wird ein armer Luftzug erben
und legt sie zu einem Haupteshaar in den Sand.

ISRAEL,
namenloser einst,
noch von des Todes Efeu umsponnen,
arbeitete geheim die Ewigkeit in dir, traumtief
bestiegst du
der Mondtürme magische Spirale,
die mit Tiermasken verhüllten Gestirne
umkreisend –

in der Fische Mirakelstummheit
oder mit des Widders anstürmender Härte.

Bis der versiegelte Himmel aufbrach
und du,
Waghalsigster unter den Nachtwandlern,
getroffen von der Gotteswunde
in den Abgrund aus Licht fielst –

Israel,
Zenit der Sehnsucht,
gehäuft über deinem Haupte
ist das Wunder wie Gewitter,
entlädt sich im Schmerzgebirge deiner Zeit.

Israel,
erst zart, wie das Lied der Vögel
und leidender Kinder Gespräche
rinnt des lebendigen Gottes Quelle
heimatlich aus deinem Blut –

Überlebende

GEHEIME GRABSCHRIFT

O welche Rune schreibt der Erdenschoß
mit einer Eiche qualverbogenem Geäst
in diese Luft, die Zeit mit Schreckenmuster malt.

Greis mit dem Kaftan –
Mantel aus der großen Einsamkeit geschnitten,
von vielen Tod- und Weihekerzen angeraucht –
Greis in der heimatlosesten der Sprachen seufzend –

Der eiserne Soldat ließ dich in Wellen
an dem Baume leiden,
nachschaffend eine windverrenkte Erdenflucht.

Zenit des Schmerzes!
Harfend Tränenholz
und Krähen die den Sterbebissen kauen
den Grausamkeit noch übrig ließ –

Vielleicht ist hier die Stelle
wo dieser Stern, die schwarzversiegelte
Geheimnisfülle sprengt
und furchtbar überkocht
in unfaßbare Ewigkeit hinein!

ZAHLEN

Als eure Formen zu Asche versanken
in die Nachtmeere,
wo Ewigkeit in die Gezeiten
Leben und Tod spült –

erhoben sich Zahlen –
(gebrannt einmal in eure Arme
damit niemand der Qual entginge)

erhoben sich Meteore aus Zahlen,
gerufen in die Räume
darin Lichtjahre wie Pfeile sich strecken
und die Planeten
aus den magischen Stoffen
des Schmerzes geboren werden –

Zahlen – mit ihren Wurzeln
aus Mördergehirnen gezogen
und schon eingerechnet
in des himmlischen Kreislaufs
blaugeäderter Bahn.

GREISE

Da,
in den Falten dieses Sterns,
zugedeckt mit einem Fetzen Nacht,
stehen sie, und warten Gott ab.
Ihr Mund hat ein Dorn verschlossen,
ihre Sprache ist an ihre Augen verlorengegangen,

die reden wie Brunnen
darin ein Leichnam ertrunken ist.
O die Alten,
die ihre verbrannte Nachfolge in den Augen tragen
als einzigen Besitz.

VERWELKT ist der Abschied auf Erden.
Schon die Wurzel setzt die Sterbeblüte an.

Wo blieb Stiel, Stamm, der Weg, der Fluß
von der Quelle zum Meer?

Erde, der Sterbeschein der Neugeborenen
ist deine Glorie.

Niemand weiß mehr das leise Fallen der Blumenblätter
seit der schwererdachte Tod aus der Luft fällt –

Der lange Abschied den Elia nahm von Elisa
der siebenfarbige Bogen der Traurigkeit, gespannt

von Gilgal zu Beth-El –
gespannt, von Jericho zum Jordan –

das Vergehn des Herzens auf der geheimnisvollen
Landstraße zu Gott.

Abschied, der die Berge erfüllt mit seinem Echo
und die Wolken mit der Tränen Naß.

Abschied, der die Sonne auf Nachtwache ziehen läßt
mitten am Tage –

Abschied, Tau der Erdennacht
auf der Lippe eines Verklärten –

Der Verlassene aber,
wirft seine Sehnsucht in die Leere

Samen für eine neue Welt!

WELT, frage nicht die Todentrissenen
wohin sie gehen,
sie gehen immer ihrem Grabe zu.
Das Pflaster der fremden Stadt
war nicht für die Musik von Flüchtlingsschritten gelegt
    worden –
Die Fenster der Häuser, die eine Erdenzeit spiegeln
mit den wandernden Gabentischen der Bilderbuchhimmel –
wurden nicht für Augen geschliffen
die den Schrecken an seiner Quelle tranken.
Welt, die Falte ihres Lächelns hat ihnen ein starkes Eisen
    ausgebrannt;
sie möchten so gerne zu dir kommen
um deiner Schönheit wegen,
aber wer heimatlos ist, dem welken alle Wege
wie Schnittblumen hin –

Aber, es ist uns in der Fremde
eine Freundin geworden: die Abendsonne.
Eingesegnet von ihrem Marterlicht
sind wir geladen zu ihr zu kommen mit unserer Trauer,
die neben uns geht:
Ein Psalm der Nacht.

WIR SIND SO wund,
daß wir zu sterben glauben
wenn die Gasse uns ein böses Wort nachwirft.
Die Gasse weiß es nicht,
aber sie erträgt nicht eine solche Belastung;
nicht gewöhnt ist sie einen Vesuv der Schmerzen
auf ihr ausbrechen zu sehn.
Die Erinnerungen an Urzeiten sind ausgetilgt bei ihr,
seitdem das Licht künstlich wurde
und die Engel nur noch mit Vögeln und Blumen spielen
oder im Traume eines Kindes lächeln.

AUF DEN LANDSTRASSEN der Erde
liegen die Kinder
mit den Wurzeln
aus der Muttererde gerissen.
Das Licht der erloschenen Liebe
ist ihrer Hand entfallen
deren Leere sich mit Wind füllt.

Wenn der Vater aller Waisen,
der Abend, mit ihnen
aus allen Wunden blutet
und ihre zitternden Schatten
die herzzerreißende Angst
ihrer Leiber abmalen –
fallen sie plötzlich hinab in die Nacht
wie in den Tod.

Aber im Schmerzgebirge der Morgendämmerung
sterben ihnen Vater und Mutter
wieder und immer wieder.

O DIE HEIMATLOSEN FARBEN des Abendhimmels!
O die Blüten des Sterbens in den Wolken
wie der Neugeborenen Verbleichen!

O der Schwalben Rätselfragen
an das Geheimnis –
der Möven entmenschter Schrei
aus der Schöpfungszeit –

Woher wir Übriggebliebenen aus Sternverdunkelung?
Woher wir mit dem Licht über dem Haupte
dessen Schatten Tod uns anmalt?

Die Zeit rauscht von unserem Heimweh
wie eine Muschel

und das Feuer in der Tiefe der Erde
weiß schon um unseren Zerfall. –

WIR MÜTTER,
Sehnsuchtsamen aus Meeresnacht
holen wir heim,
Heimholerinnen sind wir
von verstreutem Gut.

Wir Mütter,
träumerisch
mit den Gestirnen wandelnd,
lassen uns die Fluten
von Gestern und Morgen,
mit unserer Geburt
wie mit einer Insel
allein.

Wir Mütter
die wir zum Tode sagen:
Blühe auf in unserem Blut.
Die wir Sand zum Lieben bringen
und den Sternen eine spiegelnde Welt –

Wir Mütter,
die wir in den Wiegen
die dämmernden Erinnerungen
des Schöpfertages wiegen –
des Atemzuges Auf und Ab
ist unseres Liebessanges Melodie.

Wir Mütter
wiegen in das Herz der Welt
die Friedensmelodie.

IMMER
dort wo Kinder sterben
werden die leisesten Dinge heimatlos.
Der Schmerzensmantel der Abendröte
darin die dunkle Seele der Amsel
die Nacht heranklagt –
kleine Winde über zitternde Gräser hinwehend
die Trümmer des Lichtes verlöschend
und Sterben säend –

Immer
dort wo Kinder sterben
verbrennen die Feuergesichter
der Nacht, einsam in ihrem Geheimnis –
Und wer weiß von den Wegweisern

die der Tod ausschickt:
Geruch des Lebensbaumes,
Hahnenschrei der den Tag verkürzt
Zauberuhr vom Grauen des Herbstes
in die Kinderstuben hinein verwunschen –
Spülen der Wasser an die Ufer des Dunkels
rauschender, ziehender Schlaf der Zeit –

Immer
dort wo Kinder sterben
verhängen sich die Spiegel der Puppenhäuser
mit einem Hauch,
sehen nicht mehr den Tanz der Fingerliliputaner
in Kinderblutatlas gekleidet;
Tanz der stille steht
wie eine im Fernglas
mondentrückte Welt.

Immer
dort wo Kinder sterben
werden Stein und Stern
und so viele Träume
heimatlos.

TRAUERNDE MUTTER

Nach der Wüste des Tages,
in der Oase des Abends,
über die Brücke welche
die Liebe sich über zwei Welten weinte,
kam dein toter Knabe.

Alle deine versunkenen Luftschlösser
die Scherben deiner flammenversehrten Paläste,
Gesänge und Segnungen
untergegangen in deiner Trauer,
umfunkeln ihn wie eine Feste,
die der Tod nicht eingenommen hat.

Sein milchbetauter Mund,
seine Hand, die deine überholt hat,
sein Schatten an der Zimmerwand
ein Flügel der Nacht,
mit der gelöschten Lampe heimwärtssinkend —
am Strande zu Gott
hingestreut wie Vogelbrocken in ein Meer
des Kindesgebetes Echolaut
und übern Rand des Schlafs gefallener Kuß —
O Mutter, Erinnernde,
nichts ist mehr dein
und alles —
denn die stürzenden Sterne suchen
durch die Mohnfelder der Vergessenheit
auf ihrem Heimweg dein Herz,
denn alle deine Empfängnis
ist hilfloses Leid.

ABSCHIED —
aus zwei Wunden blutendes Wort.
Gestern noch Meereswort
mit dem sinkenden Schiff
als Schwert in der Mitte —
Gestern noch von Sternschnuppensterben
durchstochenes Wort —

Mitternachtgeküßte Kehle
der Nachtigallen –

Heute – zwei hängende Fetzen
und Menschenhaar in einer Krallenhand
die riß –

Und wir Nachblutenden –
Verblutende an dir –
halten deine Quelle in unseren Händen.
Wir Heerscharen der Abschiednehmenden
die an deiner Dunkelheit bauen –
bis der Tod sagt: schweige du –
doch hier ist: weiterbluten!

Land Israel

LAND ISRAEL,
deine Weite, ausgemessen einst
von deinen, den Horizont übersteigenden Heiligen.
Deine Morgenluft besprochen von den Erstlingen Gottes,
deine Berge, deine Büsche
aufgegangen im Flammenatem
des furchtbar nahegerückten Geheimnisses.

Land Israel,
erwählte Sternenstätte
für den himmlischen Kuß!

Land Israel,
nun wo dein vom Sterben angebranntes Volk
einzieht in deine Täler
und alle Echos den Erzvätersegen rufen
für die Rückkehrer,
ihnen kündend, wo im schattenlosen Licht
Elia mit dem Landmanne ging zusammen am Pfluge,
der Ysop im Garten wuchs
und schon an der Mauer des Paradieses –
wo die schmale Gasse gelaufen zwischen Hier und Dort
da, wo Er gab und nahm als Nachbar
und der Tod keines Erntewagens bedurfte.

Land Israel,
nun wo dein Volk
aus den Weltenecken verweint heimkommt
um die Psalmen Davids neu zu schreiben in deinen Sand

und das Feierabendwort *Vollbracht*
am Abend seiner Ernte singt –

steht vielleicht schon eine neue Ruth
in Armut ihre Lese haltend
am Scheideweg ihrer Wanderschaft.

NUN HAT ABRAHAM die Wurzel der Winde gefaßt
denn heimkehren wird Israel aus der Zerstreuung.

Eingesammelt hat es Wunden und Martern
auf den Höfen der Welt,
abgeweint alle verschlossenen Türen.

Seine Alten, den Erdenkleidern fast entwachsen
und wie Meerpflanzen die Glieder streckend,

einbalsamiert im Salze der Verzweiflung
und die Klagemauer Nacht im Arm –
werden noch einen kleinen Schlaf tun –

Aber die Jungen haben die Sehnsuchtsfahne entfaltet,
denn ein Acker will von ihnen geliebt werden
und eine Wüste getränkt

und nach der Sonnenseite Gott
sollen die Häuser gebaut werden

und der Abend hat wieder das veilchenscheue Wort,
das nur in der Heimat so blau bereitet wird:
Gute Nacht!

AUS DEM WÜSTENSAND holst du deine Wohnstatt wieder heim.
Aus den Jahrtausenden, die liegen in Goldsand verwandelt.

Aus dem Wüstensand treibst du deine Bäume wieder hoch
die nehmen die Quellen hin zu den Sternen –

Aus dem Wüstensand in den soviel Schlaf einging
vom Volke Israel

ziehst du der Schafe Schlummerwolle an den Tag.
Mit der Erinnerung als Rutengänger

gräbst du die versteckten Blitze der Gottesgewitter aus,
wälzt die Steine zum Bethaus

Steine, die fester Schlaf um die magische Nacht
von Beth-El sind,

und gefrorene Zeit um der Heimwehleitern Gesproß.
Am Abend aber, wenn die Erde ihre letzte Melodie

am Horizont spielt und die Brunnen dunkle Rahelaugen sind,
öffnet Abraham den blauen Himmelsschrein

darin die funkelnde Tiara des Tierkreises ruht,
Israels ewige Siegertrophäe

an die schlafenden Völker der Welt.

FRAUEN und Mädchen Israels,
das mit dem Schlafstrauch besäte Land
ist aufgebrochen an euren Träumen –

In der Küche backt ihr Kuchen der Sara
denn immer wartet ein anderes draußen! –
Wiegt, was die Gründe vorgewogen haben

mischt, was von Gestirnen gemischt wurde
und was der Landmann ans Ende brachte.
Die Sehnsucht der Erde greift nach euch

mit dem Duft des geöffneten Gewürzschreines.
Die Dudaimbeere im Weizenfelde, die, seit Ruben
sie fand, ins Unsichtbare gewachsen war,

rötet sich wieder an eurer Liebe.

Aber die Wüste, die große Wegwende zur Ewigkeit hin,
die mit ihrem Sande schon die Stundenuhr
der Mondzeit zu füllen begonnen hatte,

atmet über den verschütteten Fußspuren
der Gottgänger, und ihre verdorrten Quelladern
füllen sich mit Fruchtbarkeit –

denn euer Schatten, Frauen und Mädchen Israels,
strich über ihr brennendes Goldtopasgesicht
mit dem Frauensegen –

ÜBER DEN WIEGENDEN HÄUPTERN der Mütter
öffnen sich zur Nachtzeit wieder
der Hirtengestirne Blütenzweige
singen in der Kinder warmen Schlaf
die ewigen Verwandlungen zu Gott hinein.
Die heimatlosen Jahrtausende
die seit dem Brande des Tempels umherirrten
ungeliebt in der Stundenuhr des Staubes
schlagen aus in neuer Herrlichkeit
in den Betten der Kinder
frische Äste überwinterter Bäume.

DIE IHR in den Wüsten
verhüllte Quelladern sucht –
mit gebeugten Rücken
im Hochzeitslicht der Sonne lauscht –
Kinder einer neuen Einsamkeit mit Ihm –

Eure Fußspuren
treten die Sehnsucht hinaus
in die Meere aus Schlaf –
während euer Leib
des Schattens dunkles Blumenblatt auswirft
und auf neugeweihtem Land
das zeitmessende Zwiegespräch
zwischen Stern und Stern beginnt.

Im Geheimnis

O MEINE MUTTER,
wir, die auf einem Waisenstern wohnen –
zu Ende seufzen den Seufzer derer
die in den Tod gestoßen wurden –
wie oft weicht unter deinen Schritten der Sand
und läßt dich allein –

In meinen Armen liegend
kostest du das Geheimnis
das Elia bereiste –
wo Schweigen redet
Geburt und Sterben geschieht
und die Elemente anders gemischt werden –

Meine Arme halten dich
wie ein hölzerner Wagen die Himmelfahrenden –
weinendes Holz, ausgebrochen
aus seinen vielen Verwandlungen –

O meine Rückkehrerin,
das Geheimnis verwachsen mit Vergessenheit –
höre ich doch ein Neues
in deiner zunehmenden Liebe!

DU SITZT am Fenster
und es schneit –
dein Haar ist weiß
und deine Hände –

aber in den beiden Spiegeln
deines weißen Gesichts
hat sich der Sommer erhalten:
Land, für die ins Unsichtbare erhobenen Wiesen –
Tränke, für Schattenrehe zur Nacht.

Aber klagend sinke ich in deine Weiße,
deinen Schnee –
aus dem sich das Leben so leise entfernt
wie nach einem zu Ende gesprochenen Gebet –

O einzuschlafen in deinem Schnee
mit allem Leid im Feueratem der Welt.

Während die zarten Linien deines Hauptes
schon fortsinken in Meeresnacht
zu neuer Geburt.

WENN DER TAG leer wird
in der Dämmerung,
wenn die bilderlose Zeit beginnt,
die einsamen Stimmen sich verbinden –
die Tiere nichts als Jagende sind
oder gejagt –
die Blumen nur noch Duft –
wenn alles namenlos wird wie am Anfang –
gehst du unter die Katakomben der Zeit,
die sich auftun denen, die nahe am Ende sind –
dort wo die Herzkeime wachsen –
in die dunkle Innerlichkeit hinab
sinkst du –
schon am Tode vorbei

der nur ein windiger Durchgang ist –
und schlägst frierend vom Ausgang
deine Augen auf
in denen schon ein neuer Stern
seinen Abglanz gelassen hat –

AM ABEND weitet sich dein Blick
sieht über Mitternacht hinaus –
doppelt bin ich vor dir –
grüne Knospe, die aus vertrocknetem Kelchblatt steigt,
in dem Zimmer darin wir zwei Welten angehören.
Du reichst auch schon weit über die Toten,
die hiesigen.
Weißt um das Aufgeblühte
aus der rätselumrindeten Erde.

Wie im Mutterleib das Ungeborene
mit dem Urlicht auf dem Haupte
randlos sieht
von Stern zu Stern –
So fließt Ende zum Anfang
wie ein Schwanenschrei.
Wir sind in einem Krankenzimmer.
Aber die Nacht gehört den Engeln!

ABER in der Nacht,
wenn die Träume mit einem Luftzug
Wände und Zimmerdecken fortziehn,
beginnt die Wanderung zu den Toten.
Unter dem Sternstaub suchst du sie –

Deine Sehnsucht baut an der Schwester —
aus den Elementen, die sie verborgen halten,
holst du sie herein
bis sie aufatmet in deinem Bett —
der Bruder aber ist um die Ecke gegangen
und der Gatte zu hoch schon eingekehrt
da läßt die Demut dich verstummen —

Aber dann — wer hat die Reise unterbrochen —
beginnt die Rückkehr —
Wie der kleinen Kinder Wehklagen
erschrocken an der Erde
bist du —
der Tod der Toten ist mit der Zimmerdecke
herabgesunken —
schützend liegt mein Kopf auf deinem Herzen
die Liebe — zwischen dir und dem Tod —

So kommt die Dämmerung
mit dem roten Sonnensamen hingestreut
und die Nacht hat sich ausgeweint
in den Tag —

WOHIN O wohin
du Weltall der Sehnsucht
das in der Raupe schon dunkel verzaubert
die Flügel spannt,
mit den Flossen der Fische
immer den Anfang beschreibt
in Wassertiefen, die
ein einziges Herz
ausmessen kann mit dem Senkblei

der Trauer.
Wohin o wohin
du Weltall der Sehnsucht
mit der Träume verlorenen Erdreichen
und der gesprengten Blutbahn des Leibes;
während die Seele zusammengefaltet wartet
auf ihre Neugeburt
unter dem Eis der Todesmaske.

Es heißt: die Gebote der Thora entsprechen der Zahl
der Knochen des Menschen, ihre Verbote der Zahl der Adern.
So deckt das ganze Gesetz den ganzen Menschenleib.

CHASSIDISCHE SCHRIFTEN

Alles ist Heil im Geheimnis
und das Wort lief aus
das atemverteilende Weltall,

schützt wie Masken mit seiner abgewandten Seite
die sterngebärende Nacht.

Alles ist Heil im Geheimnis
und lebendig aus der Quelle
wuchs die Sehnsucht

durch die Geschöpfe.
Namen bildeten sich
wie Teiche im Sand.

Alles ist Heil im Geheimnis
und die Knochen leben die magische Zahl der Gebote
und die Adern bluten sich zu Ende

wie Sonnenuntergang,
einmal übertretend die Gesetze im Schmerz.

Alles ist Heil im Geheimnis
und lebt aus der Erinnerung
und aus Vergessenheit graut der Tod.

Und die Bundeslade zog ihre Träger
über den Jordan, denn die Elemente trieben
geschwisterhaft die Segnung der Schrift!

Und das Herz der Steine,
flugsandangefüllt,
ist der Mitternächte Aufbewahrungsort
und der begrabenen Blitze Wohnstatt

Und Israel, der Horizontenkämpfer
schläft mit dem Sternensamen
und den schweren Träumen zu Gott!

ZUWEILEN wie Flammen
jagt es durch unseren Leib –
als wäre er verwoben noch mit der Gestirne
Anbeginn.

Wie langsam leuchten wir in Klarheit auf –

O nach wieviel Lichterjahren haben sich unsere
Hände gefaltet zur Bitte –
unsere Kniee sich gesenkt –
und aufgetan sich unsere Seele
zum Dank?

WIE NEBELWESEN
gehen wir durch Träume und Träume
Mauern von siebenfarbigem Licht
durchsinken wir –

Aber endlich farblos, wortlos
des Todes Element
im Kristallbecken der Ewigkeit
abgestreift aller Geheimnisse Nachtflügel ...

ENGEL auf den Urgefilden
die ihr den Anfang losbindet,
die Weissagungen in die Elemente sät
bis die Fruchtknoten der Gestirne
sich ründen
und wieder die Monde des Todes
die abnehmende Tonleiter singen –

Und in staubiger Nachtwache
der Mensch die Arme wild
zum Himmel wirft
und *Gott* sagt
und die Dunkelheit
in einer Veilchenträne duftet –

Engel auf den Urgefilden
wieviel Martermeilen
muß die Sehnsucht, zurück
zu eurem Segensraum durcheilen!

WER WEISS, welche magischen Handlungen
sich in den unsichtbaren Räumen vollziehn?

Wieviel glühende Rosen der Beschwörung
auf den Gewehrmündungen der Krieger blühn?

Welche Netze die Liebe knüpft
über einem bleichen Krankengesicht?

Manch einer hörte seinen Namen rufen
am Scheideweg

und kämpfte handlos in der Heiligen Scharen.
O die Brunnen, gebohrt in die Luft

daraus Prophetenwort trinkt,
und ein Staubvergrabener plötzlich seinen Durst löscht.

Welche Saaten an den Gestirnen des Blutes erwachsen
welche Mißernten des Kummers.

Und der Heiligen Lese aus Licht.
Ringmauern für die schwärzesten Taten.

Friedhöfe für die Martern
der bis auf den Gottgrund zerrissenen Opfer.

O die unsichtbaren Städte
darin die Schlafenden ihre Ausflüge machen –

Wälder der Traumgesichte –
was werdet ihr sein in Wahrheit nach unserem Tod?

SCHMETTERLING

Welch schönes Jenseits
ist in deinen Staub gemalt.
Durch den Flammenkern der Erde,
durch ihre steinerne Schale
wurdest du gereicht,
Abschiedswebe in der Vergänglichkeiten Maß.

Schmetterling
aller Wesen gute Nacht!
Die Gewichte von Leben und Tod
senken sich mit deinen Flügeln
auf die Rose nieder
die mit dem heimwärts reifenden Licht welkt.

Welch schönes Jenseits
ist in deinen Staub gemalt.
Welch Königszeichen
im Geheimnis der Luft.

MUSIK in den Ohren der Sterbenden –
Wenn die Wirbeltrommel der Erde
leise nachgewitternd auszieht –
wenn die singende Sehnsucht der fliegenden Sonnen,
die Geheimnisse deutungsloser Planeten
und die Wanderstimme des Mondes nach dem Tod
in die Ohren der Sterbenden fließen,
Melodienkrüge füllend im abgezehrten Staub.

Staub, der offen steht zur seligen Begegnung,
Staub, der sein Wesen auffahren läßt,

Wesen, das sich einmischt in die Rede
der Engel und Liebenden –
und vielleicht schon eine dunkle Sonne
neu entzünden hilft –
denn alles stirbt sich gleich:
Stern und Apfelbaum
und nach Mitternacht
reden nur Geschwister –

Zur ›Sternverdunkelung‹ gehörig

IM LANDE ISRAEL

Nicht Kampfgesänge will ich euch singen
Geschwister, Ausgesetzte vor den Türen der Welt.
Erben der Lichterlöser, die aus dem Sande
aufrissen die vergrabenen Strahlen
der Ewigkeit.
Die in ihren Händen hielten
funkelnde Gestirne als Siegestrophäen.

Nicht Kampflieder
will ich euch singen
Geliebte,
nur das Blut stillen
und die Tränen, die in Totenkammern gefrorenen,
auftauen.

Und die verlorenen Erinnerungen suchen
die durch die Erde weissagend duften
und auf dem Stein schlafen
darin die Beete der Träume wurzeln
und die Heimwehleiter
die den Tod übersteigt.

VÖLKER DER ERDE
ihr, die ihr euch mit der Kraft der unbekannten
Gestirne umwickelt wie Garnrollen,
die ihr näht und wieder auftrennt das Genähte,

die ihr in die Sprachverwirrung steigt
wie in Bienenkörbe,
um im Süßen zu stechen
und gestochen zu werden –

Völker der Erde,
zerstöret nicht das Weltall der Worte,
zerschneidet nicht mit den Messern des Hasses
den Laut, der mit dem Atem zugleich geboren wurde.

Völker der Erde,
O daß nicht Einer Tod meine, wenn er Leben sagt –
und nicht Einer Blut, wenn er Wiege spricht –

Völker der Erde,
lasset die Worte an ihrer Quelle,
denn sie sind es, die die Horizonte
in die wahren Himmel rücken können
und mit ihrer abgewandten Seite
wie eine Maske dahinter die Nacht gähnt
die Sterne gebären helfen –

WENN IM VORSOMMER der Mond geheime Zeichen aussendet,
die Kelche der Lilien Dufthimmel verströmen,
öffnet sich manches Ohr unter Grillengezirp
dem Kreisen der Erde und der Sprache
der entschränkten Geister zu lauschen.

In den Träumen aber fliegen die Fische in der Luft
und ein Wald wurzelt sich im Zimmerfußboden fest.

Aber mitten in der Verzauberung spricht eine Stimme klar und
    verwundert:
Welt, wie kannst du deine Spiele weiter spielen
und die Zeit betrügen –
Welt, man hat die kleinen Kinder wie Schmetterlinge,
flügelschlagend in die Flamme geworfen –

und deine Erde ist nicht wie ein fauler Apfel
in den schreckaufgejagten Abgrund geworfen worden –

Und Sonne und Mond sind weiter spazierengegangen –
zwei schieläugige Zeugen, die nichts gesehen haben.

WIR ÜBEN heute schon den Tod von morgen
wo noch das alte Sterben in uns welkt –
O Angst der Menschheit nicht zu überstehn –

O Todgewöhnung bis hinein in Träume
wo Nachtgerüst in schwarze Scherben fällt
und beinern Mond in den Ruinen leuchtet –

O Angst der Menschheit nicht zu überstehn –

Wo sind die sanften Rutengänger
Ruhe-Engel, die den verborgnen Quell
uns angerührt, der von der Müdigkeit
zum Sterben rinnt?

Werner Weber
Nelly Sachs' Bericht
vom Leiden Israels

Das Leiden Israels. Davon ist die Rede im zweiten Buch Mose, dessen Inhalt die Übersetzer der Septuaginta, anlehnend ans Griechische, mit dem lateinischen Wort Exodus zusammenfaßten. Dort, im dreizehnten Kapitel, gleich zu Anfang, steht der Satz: »Da sprach Mose zum Volke: Gedenket dieses Tages, an dem ihr aus Ägypten, aus dem Sklavenhause, ausgezogen seid; denn mit starker Hand hat euch der Herr von dort herausgeführt.« Exodus, Auszug Israels aus Ägypten: das Ereignis immerfort zu erinnern und zu bedenken verlangt die Thora. Und im Erinnern wird das erwählte Volk auch das Leiden wiederholen: Israeliten bauen, von Fronvögten gejagt, die Vorratsstädte Pithom und Ramses für den Pharao. Aus Nilschlamm und Strohhäckseln müssen sie Ziegel herstellen, jeden Tag eine vorbestimmte Menge; man behindert sie dabei, sie sollen das Stroh selber beschaffen, selber es hacken und doch die gleiche Tagesleistung zeigen. »Faulenzer seid ihr, Faulenzer! Darum sprecht ihr: ›Wir wollen hingehen und dem Herrn opfern.‹ Nun fort an die Arbeit! Stroh wird euch nicht geliefert, aber die bestimmte Zahl von Ziegeln sollt ihr liefern!« Das sagt der Pharao den Gepeinigten. Aber über allen Plagen des geknechteten Israel hallt das Wort Gottes: »Ich bin Jahwe; ich will euch von der Last der Fronarbeit Ägyptens freimachen und euch aus eurer Knechtschaft erretten und euch erlösen mit ausgerecktem Arm und durch gewaltige Gerichte.« Qual, Erwählung, Erlösung – auf diesen finster-hellen Dreiklang ist jüdisches Dasein gestimmt.

Das Leiden Israels. Davon reden in unserer Zeit die Dokumente über die Verfolgung der Juden durch die Nationalsozialisten: In einer Anordnung der Parteileitung vom 28. März 1933 wurde der »Grundsatz« verkündet, kein Deutscher kaufe mehr ein bei einem Juden. Am 1. April sollte der Boykott »schlagartig« erfolgen. An den Litfaßsäulen konnte man lesen: »Bis Sonnabend früh 10 Uhr hat das Judentum Bedenkzeit! Dann beginnt der Kampf...« Und Schergen des Regimes wurden aufgestellt; dem einen und andern war eine Tafel an den Hals gehängt, groß vor den Bauch: »Deutsche! Wehrt Euch! Kauft nicht bei Juden!« Einige Jahre darauf, am 11. November 1938, konnte Heydrich, der Chef der Sicherheitspolizei, dem preußischen Ministerpräsidenten Göring unter anderem melden, »an Synagogen« seien 191 in Brand gesteckt, weitere 76 vollständig demoliert worden. Und am 30. Januar 1939 brauchte Hitler in seiner Reichstagsrede das Wort »Vernichtung der jüdischen Rasse in Europa«; im Sprachgebrauch des Unmenschen wird dafür das Wort »Sonderbehandlung« aufkommen – ein Mensch, der zu Tode geschunden wurde, war »sonderbehandelt«. Bericht aus Rowno: Juden wurden mit Peitschenhieben, Fußtritten, Kolbenschlägen aus den Wohnungen auf die Straße getrieben; Frauen riefen nach ihren Kindern, Kinder schrien nach den Eltern; Frauen trugen tote Kinder in den Armen; Kinder schleppten ihre toten Eltern über die Straße. Bericht aus der Gegend bei Dubno: Männer, Frauen, Kinder müssen sich ausziehen; unter den Augen eines Aufsehers mit Peitsche ordnen sie die Sachen, einen Haufen Oberkleider, einen Haufen Unterwäsche, einen Haufen Schuhe; das nächste wird der Tod, wird die Grube sein – ein Augenzeuge berichtet: »... Eine alte Frau mit schneeweißem Haar hielt das einjährige Kind auf dem Arm und sang ihm etwas vor und kitzelte es. Das Kind quietschte vor Vergnügen. Das Ehepaar schaute mit Tränen in den Augen zu. Der Vater hielt an der Hand einen Jungen von etwa zehn Jahren, sprach leise auf ihn ein. Der Junge kämpfte mit den Tränen. Der Vater zeigte mit dem Finger zum Himmel, streichelte ihn über den Kopf und schien ihm etwas zu erklären ...« Dann wurden sie hinter einen Erdhügel zur Grube geführt und da ermordet. Und in Minsk waren die Gas-Autos getarnt: aufgemalte Fenster, Fenster mit Gardinen – wie Wohnwagen, wie Wohnungen. Es waren Wohnungen des Todes. Und große Wohnungen des Todes heißen Auschwitz, Belzec, Chelmno, Maidanek, Sobibor, Treblinka; heißen Belsen, Buchenwald,

Flossenbürg, Mauthausen, Oranienburg, Sachsenhausen, Theresienstadt.

In den Wohnungen des Todes heißt ein Gedichtband der Nelly Sachs; er ist in den Jahren 1943 und 1944 entstanden, gleichzeitig mit dem Mysterienspiel vom Leiden Israels, das den Titel *Eli* trägt. Es folgten die Gedichte des Bandes *Sternverdunkelung*, 1949. In diesen Dichtungen sind früheste und späteste Plagen erinnert; in ihnen sind die Schindplätze Ägyptens so nah wie die Foltergruben und die Gaskammern der Henker im nationalsozialistischen Deutschland. Aber in ihnen sind Erwählung und Erlösung mitgedacht. Noch mehr: die Erinnerung an Qual, Erwählung, Erlösung und die Gegenwart in Qual, Erwählung und Erlösung gehen da ineinander über, und es strahlt die ewige Wirklichkeit des Gottes, welcher sich dem Volk zeigte: »Ich bin Jahwe.« Nelly Sachs gibt darüber Bericht. Man kann fragen: Ist es möglich, solchen Bericht zum Gedicht zu erheben? Ist hierin die Kunst nicht ausgeschlossen?

Im Mysterienspiel vom Leiden Israels, *Eli*, berichtet die Wäscherin: Elis Eltern wurden durch die Gasse gejagt; Eli, im Nachthemd, ist den Eltern nachgelaufen, in der Hand die Pfeife, mit der er sonst die Lämmer und die Kälber auf der Weide zusammenrief; und der Knabe sieht, wie die Häscher seine Eltern treiben, und da hebt er die Pfeife, aber nicht wie sonst, nicht wie bei seinen Tieren auf der Weide – »den Kopf hat er geworfen nach hinten, / wie die Hirsche, wie die Rehe, / bevor sie trinken an der Quelle. / Zum Himmel hat er die Pfeife gerichtet, / zu Gott hat er gepfiffen, der Eli...«. Da tönt das Wort aus den Psalmen herein: »Wie der Hirsch lechzt an versiegten Bächen, also lechzt meine Seele, o Gott, nach dir!« In einem der Gedichte aus dem Buch *In den Wohnungen des Todes* erscheint dasselbe Bild:

Einer war,
Der blies den Schofar —
Warf nach hinten das Haupt,
Wie die Rehe tun, wie die Hirsche
Bevor sie trinken an der Quelle.

Jetzt wird deutlich, was Eli getan hat. Schofar, das ist das Widderhorn, welches ertönte, als sich Gott dem Volk am Sinai offenbarte. Leo Adler sagt in seinem Buch *Die Bedeutung der jüdischen Festtage,* was der Schofar-Ton meint: göttlichen Anruf und Anspruch an den Menschen. Der Schofar-Ton hallt vom Sinai bis zum Tag der Verkündung des Reiches Gottes auf Erden — »vom ersten Soll bis zur letzten messianischen Erfüllung menschlichen Seins«. In Elis Pfiff sind zusammengerafft die Qual, die Erwählung und die Erlösung — im abgründigen Schmerz der höchste Trost. Durch die Gestalt des Knaben bricht Gott herein und steht da in der Gasse. Jetzt berichtet die Wäscherin weiter: Ein Soldat, der zwischen den aufgescheuchten Opfern mitläuft, sieht den Eli, welcher den Schofar bläst; tritt auf den Knaben zu und schlägt ihn mit dem Gewehrkolben nieder. Denn Eli blies, wie es später im Spiele heißt: das *Heimholerhorn.* Im Ton des Horns findet die Seele die uralte Gewißheit: »Er vergaß uns nicht.« Im Schrecken davor, aus halb bewußtem Neid darüber schlägt der Mörder zu. Er gehört zu den *Räubern von echten Todesstunden;* so sagt es Nelly Sachs in einem Gedicht. Zu den fürchterlichen Störern gehört er, die den Heilsweg kreuzen. Aber im Leiden, wo die Augen sich weiten zum Anschaun des Gottes, wird die Erde selber furchtbar deutlich — es sind lauter letzte, mit schrecklicher Inständigkeit geworfene Blicke, durch welche sie getroffen wird. »Wenn ich nur wüßte, / Worauf dein letzter Blick ruhte«, heißt es. Fiel der letzte Blick auf den Stein, der schon abgeschliffen ist von vielen Opferblicken? Auf Erde, geschwärzt von Opferblut? Auf die glitzernde Gürtelschnalle des Feindes? Aber dann gibt die Erde selbst die letzten Blicke zurück: brechende Augen im Blau der Veilchen, erhobene Hände in dem »märtyrerhaft geschlungenen Gezweige / Der alten Eichen«; und die Nachtigallen schluchzen das schreckliche Schweigen der Kehle vor dem Tode aus. Kann dem allem eine Klage beikommen? Oder eine Anklage? Einmal, im Gedicht *Chor der Waisen* steht das eine beim andern; aber nur im letzten Augenblick bringt das Herz die Verwandlung der Klage in die Anklage zustande:

Wir Waisen wir klagen der Welt:
Welt warum hast du uns die weichen Mütter genommen
Und die Väter, die sagen: Mein Kind du gleichst mir!
Wir Waisen gleichen niemand mehr auf der Welt!
O Welt!
Wir klagen dich an!

Aus Klage und Anklage geht die Frage auf: »Warum die schwarze Antwort des Hasses / auf dein Dasein, / Israel?« Und im Mysterienspiel *Eli* heißt es: »Alt mußte die Erde werden, / bis der Haß, / der sich blutig mühte, / das Rätsel Jude zu lösen, / den Einfall bekam, / es aus der Welt zu werfen mit Musik« – *mit Musik,* denn während diese Worte gesprochen werden, tönt Marschmusik herein.

In den Jahren, da Nelly Sachs, erschrocken und uralterfahren, solche Fragen und Antworten dachte, hat Margarete Susman in ihrem Werk *Das Buch Hiob und das Schicksal des jüdischen Volkes* auf dieselben Fragen eine Antwort gesucht. Indem sie das Leben Hiobs Schritt für Schritt mitging, denkend, fühlend, noch in Erregungen klar und ruhig, nie fortgerissen – indem sie Hiob begriff, verstand sie das Schicksal des jüdischen Volkes. Und so vermochte sie zu sagen, wie sich das jüdische Volk in der erfahrenen Qual zwischen deutschem Nachbarn und deutschem Peiniger verhalten darf: »Er war unser Nachbar; wir haben mit ihm gelebt und ihn geliebt; wie sollen wir zu dieser entsetzlichen Verwandlung uns stellen? Zweierlei scheidet damit für uns aus: Gericht und Vergebung. Richten können wir nur das, außerhalb dessen wir stehen, und nur das, was unsere Maße nicht übersteigt: das uns Begreifliche; vergeben können wir nur das uns persönlich Widerfahrene. Unser Gericht vermöchte diese Schuld nicht zu erreichen; unsere Vergebung wäre Selbstüberhebung und Untreue. Die Vergebung ist dessen, dessen das Gericht ist; unser ist nur die grenzenlose, unauslöschliche Trauer.« Und so ist es bei Nelly Sachs. *In den Wohnungen des Todes, Sternverdunkelung, Eli* – Leiden Israels, begriffen aus uralter Erfahrung, Hiob-Erfahrung; überwunden in dieser Erfahrung, ohne Gericht, ohne Vergebung – aber erzählt im Gedicht voller Trauer, unauslöschlich, grenzenlos: Trauer über den Sturz des Menschen ins Ganz-Böse.

Und doch dringt ein tröstlicher Schein ins Dasein. Er kommt von den Gerechten, welche die Welt tragen. Die Legende, lebendig im jüdischen Volk, erzählt von ihnen, von den sechsunddreißig Zaddikim. Gershom Scholem hat uns in seiner Studie *Die 36 verborgenen Gerechten in der jüdischen Tradition* die historischen Ursprünge der Legende und ihre spätere Entwicklung gezeigt; er führte das Wort des babylonischen Lehrers Abbaji an: »Die Welt ist niemals ohne sechsunddreißig Gerechte, die das Antlitz der Gottheit an jedem Tage empfangen.« Zu diesen Gerechten gehört Michael, der Schuhmacher, im Mysterienspiel *Eli;* er hat, wie die Wäscherin berichtet, »den ungebrochenen Blick, / nicht den unserigen, der nur Scherben sieht – / den Balschemblick hat er, / von einem Ende der Welt zum andern«. So erscheint in den Dichtungen der Nelly Sachs, wo keine Zerstörung und kein Schmerz verschwiegen wird, doch groß eine unbeirrt kräftige Gebärde des Wiederherstellens – nicht schwärmerisch außerhalb der schmerzlich gegebenen Welt, sondern tapfer in ihr. Die Dichtungen der Nelly Sachs haben zutiefst diesen Gegenstand: »Das Leben leise wieder lernen«. Im *Chor der Geretteten* steht:

Zeigt uns langsam eure Sonne.
Führt uns von Stern zu Stern im Schritt.
Laßt uns das Leben leise wieder lernen.
Es könnte sonst eines Vogels Lied,
Das Füllen des Eimers am Brunnen
Unseren schlecht versiegelten Schmerz aufbrechen lassen
Und uns wegschäumen –
Wir bitten euch:
Zeigt uns noch nicht einen beißenden Hund –
Es könnte sein, es könnte sein
Daß wir zu Staub zerfallen –

Im genauen Nennen der Sachen, der Verhältnisse – am Wirklichen arbeitend: so bricht die Sprache der Nelly Sachs durch in den zeitlosen Raum, wo sich die Mythen selber erzählen. »O die Schornsteine / Auf den sinnreich erdachten Wohnungen des Todes, / Als Israels Leib zog aufgelöst in Rauch / Durch die Luft«: da ist das Vernichtungslager bezeichnet, schrecklich präzis; aber da redet sich auch das Leiden Israels zeitlos aus; Leiden als Last auf dem Heilsweg, Leiden durchhallt von der Sinaistimme: »Ihr habt selbst gesehen, ... wie ich euch auf Adlersflügeln getragen und euch hierher zu mir getragen habe.« Oder: »O die Wohnungen des Todes, / Einladend hergerichtet...«: Gas-Autos, wir wissen es, waren getarnt; es gab aufgemalte Fenster mit Gardinen, Geranien vor Todeskammern...
Aber das Grauenvollste läßt sich sagen und im Sagen zur Botschaft verwandeln durch Zeichen. Nelly Sachs braucht das Wort *Schuh,* und das Wort meint, was es sagt; aber es hält als ein Zeichen in sich versammelt alle Schritte des Volkes auf seinem Weg von den Plagen Ägyptens zum Sinai und bis herauf in diese Zeit, wo die Verheißung am neuen Opfer erprobt und erhöht wird. Nelly Sachs braucht das Wort *Sand,* und in diesem Zeichen sind alle Wüsten, welche Israel durchwanderte; aber es erinnert auch den Sand, den die Henker flüchtig über

die Toten in den Gruben schütteten. Nelly Sachs braucht das Wort *Handmuskel* – in *Eli* steht: ».. . in der Handmuskel eines Henkers sitzend...« In den *Wohnungen des Todes* steht: ». . . Schreckliche Wärterinnen / Sind an die Stelle der Mütter getreten, / Haben den falschen Tod in ihre Handmuskeln gespannt...«: abermals eines der Zeichen, mit denen Nelly Sachs das Faßliche so genau nimmt, daß das Unfaßliche als eine große Ergänzung furchtbar hereinbricht. Das ist keine Symbolkunst; das ist Durchstich mit Wörtern in die Höhle der Mythen. Nelly Sachs hat zu ihren Gedichten manchmal Motti gesetzt, aus Hiob, aus Jesaia, aus dem Sohar; und in einer Anmerkung zu *Eli* sagt sie, die Sprache dieses Spiels vom Leiden Israels sei geschrieben in einem Rhythmus, »der auch mimisch für den Darsteller die chassidisch-mystische Inbrunst anschaulich machen muß – jene Begegnung mit der göttlichen Ausstrahlung, die jedes Alltagswort begleitet.« Und so, wie sie uralterfahren und stets neu durchbohrt den Stoff vom Leidensweg Israels aufnimmt und mitträgt: so lebt die Sprache in ihren Dichtungen – *In den Wohnungen des Todes, Sternverdunkelung, Eli* – aus dem deutsch gefaßten Laut- und Bildbestand der Mosesbücher, des Hiob-Buchs, der Psalmen, der Bücher jüdischer Mystik. Von da her ist das Genau-Zeigende so wie das Klar-Dunkle in ihre Botschaft gekommen. Es gibt in dieser Botschaft den Kindermärchenton: »Die Kröte mit dem Mondenstein / Sah zur Mitternacht in dein Fenster hinein.« Den Zauberspruchton: »Sand male ich, Sand-Sand-Sand« – als solle aus dem vernichteten Leben das neue Leben wieder erweckt werden durch beschwörendes Vorzeigen im Wort. Und es gibt die melodielose Trockenheit des Banalen: »Durch einen außerordentlichen Zufall / bin ich in der Lage, euch anzubieten: / Waschechten Schürzenstoff...« Und dort, im *Eli*, das versteckte Liebesgedicht; der Sprache selbst stockt darin das Herz zwischen vollkommenem Glück und gleich hohem Schmerz. Der Schuhmacher Michael hebt den kleinen Schuh hoch und sagt:

Du gingst so leicht,
die Gräser standen hinter dir auf.
Hier, diese Spange riß,
als du mir entgegeneiltest – damals –
Schnell ist die Liebe,
die Sonne, wenn sie steigt,
ist langsam gegen sie.
Myriam –

Nelly Sachs, geboren am 10. Dezember 1891 als Tochter des Fabrikanten William Sachs. Das Vaterhaus stand in Berlin, im Tiergartenviertel. Zum fünfzehnten Geburtstag wurde ihr Selma Lagerlöfs *Gösta Berling* geschenkt. 1940, den Häschern knapp entronnen, langt Nelly Sachs mit der Mutter in Stockholm an; Selma Lagerlöf gehörte zu den Helfern. Nelly Sachs erzählt: »Wir waren zu Tode gehetzt hier angekommen. Mein Muttchen erlebte jede Nacht noch den Schrecken. Armut – Krankheit, vollkommene Verzweiflung! Weiß heute noch nicht, wie ich überhaupt überlebte. Aber die Liebe zu dem geliebten letzten Menschen, den ich besaß, gab mir Mut. So entstanden *In den Wohnungen des Todes* und fast zu gleicher Zeit *Eli* . . .«

Wie war es möglich, daß eine Seele, so beleidigt, geschunden, zu Tode getroffen, noch in eben der Sprache zu reden vermochte, welche neben den größten, reinsten Deutschen nun auch die verworfensten brauchten? Ich weiß keine bessere Antwort als jene, die Lessing im *Nathan* gefunden hat. Nathan sagt dem Klosterbruder, daß die Christen in Gath alle Juden mit Weib und Kind ermordeten; auch Nathans Frau, mit sieben Söhnen, fiel unter den Würgerhänden. Drei Tage und drei Nächte habe er in Asche und Staub vor Gott gelegen, geweint, gerechtet, gezürnt und der Christenheit den unversöhnlichsten Haß zugeschworen – so berichtet Nathan und fährt fort:

Doch nun kam die Vernunft allmählich wieder.
Sie sprach mit sanfter Stimm': »Und doch ist Gott!
Doch war auch Gottes Ratschluß das! Wohlan!
Komm! übe, was du längst begriffen hast;
Was sicherlich zu üben schwerer nicht,
Als zu begreifen ist, wenn du nur willst.
Steh auf!« – Ich stand und rief zu Gott: Ich will!
Willst du nur, daß ich will! –

Ich will – willst du nur, daß ich will. Daran soll man nicht weiter rühren. Es ist Qual darin, Erwählung und Erlösung; ein Leuchten aus geheimster Berührung. In den Botschaften der Nelly Sachs dringt es durch.

Eli
Ein Mysterienspiel vom Leiden Israels 5

In den Wohnungen des Todes
DEIN LEIB IM RAUCH DURCH DIE LUFT
O die Schornsteine 71
An euch, die das neue Haus bauen 72
O der weinenden Kinder Nacht 72
Wer aber leerte den Sand aus euren Schuhen 73
Auch der Greise letzten Atemzug 74
Ein totes Kind spricht 74
Einer war, der blies den Schofar 75
Hände der Todesgärtner 76
Schon vom Arm des himmlischen Trostes umfangen 77
Welche geheimen Wünsche des Blutes 77
Lange haben wir das Lauschen verlernt 78
Ihr Zuschauenden 79
Lange schon fielen die Schatten 80
GEBETE FÜR DEN TOTEN BRÄUTIGAM
Die Kerze, die ich für dich entzündet habe 81
Nacht, mein Augentrost du 81
Vielleicht aber braucht Gott die Sehnsucht 82
Auch dir, du mein Geliebter 82
Du gedenkst der Fußspur, die sich mit Tod füllte 83
Qual, Zeitmesser eines fremden Sterns 84
Ich sah eine Stelle, wo ein Herd stand 84
Im Morgengrauen, wenn ein Vogel das Erwachen übt 85
Wenn ich nur wüßte, worauf dein letzter Blick ruhte 85
Deine Augen, du mein Geliebter 86
GRABSCHRIFTEN IN DIE LUFT GESCHRIEBEN
Der Hausierer 87
Die Markthändlerin 88
Der Spinozaforscher 88
Die Tänzerin 89

Der Narr 89
Die Schwachsinnige 90
Der Ruhelose 90
Der Marionettenspieler 90
Die Malerin 91
Die Abenteurerin 92
Der Steinsammler 92
Die Ertrunkene 93
Die alles Vergessende 93
CHÖRE NACH DER MITTERNACHT
Chor der verlassenen Dinge 94
Chor der Geretteten 95
Chor der Wandernden 96
Chor der Waisen 97
Chor der Toten 98
Chor der Schatten 99
Chor der Steine 100
Chor der Sterne 101
Chor der unsichtbaren Dinge 102
Chor der Wolken 103
Chor der Bäume 104
Chor der Tröster 104
Chor der Ungeborenen 105
Stimme des Heiligen Landes 106

Sternverdunkelung
UND REISSEND IST DIE ZEIT
Wenn wie Rauch der Schlaf einzieht in den Leib 111
Engel der Bittenden 112
Nacht, Nacht 113
Auf daß die Verfolgten nicht Verfolger werden 114
O *du weinendes Herz der Welt* 115
Erde, alle Saiten deines Todes haben sie angezogen 115
O ihr Tiere 117

Golem Tod 118
Geschirmt sind die Liebenden 119
DIE MUSCHEL SAUST
Abraham 121
Jakob 122
Wenn die Propheten einbrächen 123
Hiob 125
Daniel, Daniel 125
Aber deine Brunnen sind deine Tagebücher 127
Warum die schwarze Antwort des Hasses 128
Sinai 130
David 131
Saul 132
Israel, namenloser einst 132
ÜBERLEBENDE
Geheime Grabschrift 134
Zahlen 135
Greise 135
Verwelkt ist der Abschied auf Erden 136
Welt, frage nicht die Todentrissenen 137
Wir sind so wund, daß wir zu sterben glauben 138
Auf den Landstraßen der Erde liegen die Kinder 138
O die heimatlosen Farben des Abendhimmels 139
Wir Mütter 139
Immer dort wo Kinder sterben 140
Trauernde Mutter 141
Abschied 142
LAND ISRAEL
Land Israel 144
Nun hat Abraham die Wurzel der Winde gefaßt 145
Aus dem Wüstensand holst du deine Wohnstatt 146
Frauen und Mädchen Israels 147
Über den wiegenden Häuptern der Mütter 148
Die ihr in den Wüsten verhüllte Quelladern sucht 148

IM GEHEIMNIS
O meine Mutter 149
Du sitzt am Fenster 149
Wenn der Tag leer wird 150
Am Abend weitet sich dein Blick 151
Aber in der Nacht 151
Wohin o wohin 152
Chassidische Schriften 153
Zuweilen wie Flammen 154
Wie Nebelwesen gehen wir durch Träume und Träume 155
Engel auf den Urgefilden 155
Wer weiß, welche magischen Handlungen 156
Schmetterling 157
Musik in den Ohren der Sterbenden 157
ZUR ›STERNVERDUNKELUNG‹ GEHÖRIG
Im Lande Israel 159
Völker der Erde 159
Wenn im Vorsommer der Mond 160
Wir üben heute schon den Tod von morgen 161

Nachwort von Werner Weber
Nelly Sachs' Bericht vom Leiden Israels 163

Von Nelly Sachs erschienen im Suhrkamp Verlag

Fahrt ins Staublose. *Die Gedichte der Nelly Sachs*
Zeichen im Sand. *Die szenischen Dichtungen der Nelly Sachs*

edition suhrkamp
Ausgewählte Gedichte. *Nachwort von Hans Magnus Enzensberger*

Arbeiten über Nelly Sachs
Nelly Sachs zu Ehren. (Enthält kritische und biographische Beiträge von Beda Allemann, Sivar Arnér, Walter A. Berendsohn, Johannes Edfelt, Hans Magnus Enzensberger, Peter Hamm, Karl Schwedhelm, Ragnar Thoursie, Werner Weber u. a.)

Bibliothek Suhrkamp

1 Hermann Hesse, Die Morgenlandfahrt. *Erzählung*
2 Walter Benjamin, Berliner Kindheit um Neunzehnhundert
3 R. A. Schröder, Der Wanderer und die Heimat. *Erzählung*
4 Bertolt Brechts Hauspostille
5 Herbert Read, Wurzelgrund der Kunst. *Vier Vorträge*
6 Paul Valéry, Tanz, Zeichnung und Degas
7 C. F. Ramuz, Der junge Savoyarde. *Roman*
8 Max Frisch, Bin oder Die Reise nach Peking. *Erzählung*
9 Ernst Penzoldt, Die Portugalesische Schlacht. *Komödie*
10 T. S. Eliot, Old Possums Katzenbuch
11 Palinurus, Das Grab ohne Frieden. *Aufzeichnungen*
12 Rudolf Borchardt, Villa und andere Prosa. *Essays*
13 Raymond Radiguet, Der Ball des Comte d'Orgel. *Roman*
14 Richard Hughes, Das Walfischheim. *Märchen*
15 Gedichte des Konstantin Kavafis
16 Günter Eich, Träume. *Vier Spiele*
17 C. F. Ramuz, Erinnerungen an Igor Strawinsky
18 Gotthard Jedlicka, Pariser Tagebuch. *Aufzeichnungen*
19 Jean Giraudoux, Eglantine. *Roman*
20 Anna Seghers, Aufstand der Fischer von St. Barbara
21 T. S. Eliot, Der Privatsekretär. *Komödie*
22 Dámaso Alonso, Söhne des Zorns. *Gedichte*
23 Jugendbildnis Alain-Fournier. *Briefe*
24 Wjatscheslaw Iwanow, Das Alte Wahre. *Essays*
25 Ernst Penzoldt, Der dankbare Patient. *Ein Brevier*
26 Monique Saint-Hélier, Quick. *Erzählung*
27 Walter Benjamin, Einbahnstraße
28 Ernst Robert Curtius, Marcel Proust. *Essay*
29 G. B. Shaw, Ein Negermädchen sucht Gott
30 E. M. Forster, Ansichten des Romans
31 William Goyen, Zamour und andere Erzählungen
32 Richard Hughes, Hurrikan im Karibischen Meer
33 Bertolt Brechts Gedichte und Lieder
34 Hugo Ball, Hermann Hesse. Sein Leben und sein Werk
35 Wilhelm Lehmann, Bewegliche Ordnung. *Aufsätze*
36 Antonio Machado, Juan de Mairena
37 Peter Suhrkamp, Munderloh. *Fünf Erzählungen*

38 Ivo Andrić, Der verdammte Hof. *Erzählung*
39 Oskar Loerke, Anton Bruckner. *Ein Charakterbild*
40 Ezra Pound, ABC des Lesens
41 Bertolt Brecht, Schriften zum Theater
42 G. B. Shaw, Musik in London. *Kritiken*
43 Hermann Hesse, Klein und Wagner. *Erzählung*
44 Sherwood Anderson, Winesburg, Ohio. *Roman*
45 Julien Green, Der andere Schlaf. *Roman*
46 Ernst Penzoldt, Squirrel
47 Theodor W. Adorno, Noten zur Literatur I
48 Nicolson, Die Kunst der Biographie und andere Essays
49 Hans Erich Nossack, Unmögliche Beweisaufnahme
50 Ramón Pérez de Ayala, Artemis. *Zwei Novellen*
51 Marguerite Duras, Moderato Cantabile. *Roman*
52 Karl Krolow, Fremde Körper. *Neue Gedichte*
53 Paul Valéry, Über Kunst. *Essays*
54 Ernst Bloch, Spuren. *Parabeln*
55 Peter Suhrkamp, Der Leser. *Reden und Aufsätze*
56 William Faulkner, Der Bär. *Erzählung*
57 Robert Walser, Prosa
58 Wladimir Majakowski, Mysterium buffo und andere Stücke
59 Virginia Woolf, Granit und Regenbogen. *Essays*
60 Rafael Alberti, Zu Lande zu Wasser. *Gedichte*
61 Theodor W. Adorno, Mahler. *Monographie*
62 Truman Capote, Die Grasharfe. *Roman*
63 Bertolt Brecht, Flüchtlingsgespräche
64 André Gide, Paludes. *Satire*
65 Hermann Hesse, Schön ist die Jugend. *Erzählungen*
66 Henry Green, Schwärmerei. *Roman*
67 Hamza Humo, Trunkener Sommer. *Erzählung*
68 William Goyen, Haus aus Hauch. *Roman*
69 Ramón José Sender, Der Verschollene. *Roman*
70 Giuseppe Ungaretti, Gedichte
71 Theodor W. Adorno, Noten zur Literatur II
72 Hans Erich Nossack, Nekyia. *Ein Bericht*
73 Jean Giraudoux, Simon. *Roman*
74 Wenjamin Kawerin, Unbekannter Meister. *Erzählung*
75 Hermann Hesse, Knulp. *Drei Erzählungen*
76 William Carlos Williams, Gedichte
77 Ernst Bloch, Thomas Münzer. *Monographie*
78 Ernst Penzoldt, Prosa eines Liebenden

79 Joseph Roth, Beichte eines Mörders. *Roman*
80 William Faulkner, Wilde Palmen. *Erzählung*
81 Bertolt Brecht, Geschichten
82 Samuel Beckett, Erzählungen und Texte um Nichts
83 Marcel Proust, Gegen Sainte-Beuve. *Essays*
84 Wolfgang Hildesheimer, Lieblose Legenden
85 Ernst Bloch, Verfremdungen I
86 G. B. Shaw, Sechzehn selbstbiographische Skizzen
87 Max Frisch, Homo faber. *Ein Bericht*
88 Maurice Blanchot, Die Frist. *Ein Bericht*
89 Maxim Gorki, Erinnerungen an Zeitgenossen
90 Robert Musil, Aus den Tagebüchern
91 F. Scott Fitzgerald, Der letzte Taikun. *Roman*
92 Hermann Broch, Pasenow oder die Romantik. *Roman*
93 Giuseppe Ungaretti, Reisebilder
95 Hermann Hesse, Demian
96 Cesare Pavese, Die Verbannung. *Erzählung*
97 Franz Kafka, Er. *Ausgewählte Prosa*
98 Samuel Beckett, Glückliche Tage und andere Stücke
99 Pablo Neruda, Gedichte
100 Peter Suhrkamp, Briefe an die Autoren
101 Max Frisch, Andorra. *Stück in zwölf Bildern*
102 Elio Vittorini, Im Schatten des Elefanten
103 William Faulkner, Als ich im Sterben lag. *Roman*
104 Arno Schmidt, Leviathan. *Erzählungen*
105 Hans Henny Jahnn, 13 nicht geheure Geschichten
106 Gershom Scholem, Judaica. *Essays*
107 Siegfried Kracauer, Ginster. *Roman*
108 Jean Giraudoux, Juliette im Lande der Männer. *Roman*
109 Marguerite Duras, Der Nachmittag des Herrn Andesmas
110 César Vallejo, Gedichte
111 Cesare Pavese, Junger Mond. *Roman*
112 Hugo von Hofmannsthal, Florindo
113 Albert Camus, Der Fall. *Roman*
114 Oskar Loerke, Gedichte
115 Maxim Gorki, Italienische Märchen
116 Kateb Yacine, Nedschma. *Roman*
117 Hans Erich Nossack, Interview mit dem Tode
118 Samuel Beckett, Wie es ist

edition suhrkamp

1 Bertolt Brecht, Leben des Galilei
2 Hermann Hesse, Späte Prosa
3 Samuel Beckett, Warten auf Godot
4 Max Frisch, Don Juan oder Die Liebe zur Geometrie
5 Günter Eich, Die Brandung vor Setúbal/Das Jahr Lazertis
6 Ernst Penzoldt, Zugänge
7 Peter Weiss, Das Gespräch der drei Gehenden
8 T. S. Eliot, Mord im Dom. *Deutsch von R. A. Schröder*
9 Bertolt Brecht, Gedichte und Lieder aus Stücken
10 Theodor W. Adorno, Eingriffe. Neun kritische Modelle
11 Ernst Bloch, Tübinger Einleitung in die Philosophie 1
12 Ludwig Wittgenstein, Tractatus logico-philosophicus
13 *im Dialog:* Wolfgang Hildesheimer, Die Verspätung
14 *im Dialog:* Heinar Kipphardt, Der Hund des Generals
15 *im Dialog:* Dieter Waldmann, Atlantis
16 *im Dialog:* Martin Walser, Eiche und Angora
17 *suhrkamp texte:* Walter Benjamin, Städtebilder
18 *suhrkamp texte:* Nelly Sachs, Ausgewählte Gedichte
19 *suhrkamp texte:* Hans Erich Nossack, Der Untergang
20 *suhrkamp texte:* Hans Magnus Enzensberger, Gedichte/
   Die Entstehung eines Gedichts
21 Bertolt Brecht, Aufstieg und Fall der Stadt Mahagonny
22 Ernst Bloch, Avicenna und die Aristotelische Linke
23 *suhrkamp texte:* Wolfgang Hildesheimer, Vergebliche Aufzeichnungen/Nachtstück
24 *suhrkamp texte:* Karl Krolow, Ausgewählte Gedichte
25 August Strindberg, Ein Traumspiel. *Deutsch von Peter Weiss*
26 Marguerite Duras, Hiroshima mon amour
27 Peter Szondi, Theorie des modernen Dramas
28 Walter Benjamin, Das Kunstwerk im Zeitalter seiner technischen Reproduzierbarkeit
29 Raymond Queneau, Zazie in der Metro
30 Martin Walser, Ein Flugzeug über dem Haus und andere Geschichten
31 Bertolt Brecht, Der kaukasische Kreidekreis
32 Max Frisch, Graf Öderland
33 T. S. Eliot, Was ist ein Klassiker?/Dante/Goethe der Weise

34 Baudelaire, Tableaux Parisiens. *Deutsch von Walter Benjamin*
35 *suhrkamp texte:* Hermann Kasack, Das unbekannte Ziel
36 *suhrkamp texte:* Max Frisch, Ausgewählte Prosa
37 Marcel Proust, Tage des Lesens. Drei Essays
38 Theodor W. Adorno, Drei Studien zu Hegel
39 *im Dialog:* Hans Günter Michelsen, Stienz/Lappschiess
40 *im Dialog:* Günter Grass, Hochwasser
41 Max Frisch, Biedermann und die Brandstifter
42 Erich Heller, Studien zur modernen Literatur
43 Andrej Wosnessenskij, Dreieckige Birne
44 Materialien zu Brechts ›Leben des Galilei‹
45 Hans Erich Nossack, Der Neugierige
46 Gustaf Gründgens, Wirklichkeit des Theaters
47 Peter Hacks, Zwei Bearbeitungen
48 Günter Eich, Botschaften des Regens
49 Bertolt Brecht, Mutter Courage und ihre Kinder
50 Materialien zu Brechts ›Mutter Courage und ihre Kinder‹
51 Nelly Sachs, Das Leiden Israels
52 Hermann Hesse, Geheimnisse. Letzte Erzählungen

werkausgaben edition suhrkamp

»Proust-Leser sind im Vorteil«, schrieb Martin Walser über seine ›Leseerfahrungen mit Marcel Proust‹: »Ich muß gestehen, wenn ich durch eine Geste oder eine Phrase an Proust erinnert werde, an eine Situation aus seinem Roman, nicht weil jemand einen Satz gesagt hätte, der genauso bei Proust steht, oder weil jemand gar eine von Proust beschriebene Bewegung gemacht hätte, sondern durch ein logisch nicht mehr zu erklärendes Signal, durch eine Analogie vielleicht, immer wenn ich dann meinem Gesprächspartner gewissermaßen als Proust-Leser gegenüber sitze, habe ich das Gefühl einer Unlauterkeit ihm gegenüber; es ist, als ob ich mich im Besitze eines Zaubergerätes befände, eines Mittels zumindest, das mich dem anderen gegenüber überlegen macht und ihn mir gewissermaßen ausliefert. Ich durchschaue ihn leichter, ich weiß mehr von ihm als er von mir.«

Wir haben uns lange überlegt, wie es zu bewerkstelligen sei, diese große Kostbarkeit der Romanliteratur möglichst vielen und vor allem jüngeren Lesern zu bieten. Der notwendig hohe Preis der bisher vorliegenden 7-bändigen Ausgabe hat viele gehindert, mit Proust zu leben, ihn sich zum alltäglichen Umgang zu wählen. Wir meinen, daß daran auch durch die Veröffentlichung von Teilausgaben nichts geändert würde, sondern daß der Leser ein Recht hat auf den ganzen Proust. Die gesamte *Suche nach der verlorenen Zeit* soll deshalb als billige Ausgabe in der edition suhrkamp erscheinen.

Marcel Proust, Auf der Suche nach der verlorenen Zeit

Deutsch von Eva Rechel-Mertens
13 Bände zu je DM 5.– Leinenkaschiert
Der Subskribent der ganzen Ausgabe erhält den 13. Band unberechnet.

Band 1	In Swanns Welt 1	Dezember 1963
Band 2	In Swanns Welt 2	Dezember 1963
Band 3	Im Schatten junger Mädchenblüte 1	März 1964
Band 4	Im Schatten junger Mädchenblüte 2	März 1964
Band 5	Die Welt der Guermantes 1	Mai 1964
Band 6	Die Welt der Guermantes 2	Mai 1964
Band 7	Sodom und Gomorra 1	Juli 1964
Band 8	Sodom und Gomorra 2	Juli 1964
Band 9	Die Gefangene 1	September 1964
Band 10	Die Gefangene 2	September 1964
Band 11	Die Entflohene	November 1964
Band 12	Die wiedergefundene Zeit 1	November 1964
Band 13	Die wiedergefundene Zeit 2	November 1964

Marcel Proust ist – in aller Deutlichkeit gesagt – der größte Dichter der modernen europäischen Literatur. *Friedrich Burschell*

Alphabetisches Verzeichnis der edition suhrkamp

Adorno, Drei Stud. zu Hegel 38
Adorno, Eingriffe 10
Baudelaire, Tableaux Parisiens 34
Beckett, Warten auf Godot 3
Benjamin, Das Kunstwerk 28
Benjamin, Städtebilder 17
Bloch, Avicenna 22
Bloch, Tübinger Einleitung I 11
Brecht, Gedichte aus Stücken 9
Brecht, Kaukas. Kreidekreis 31
Brecht, Leben des Galilei 1
Materialien zu Brechts ›Galilei‹ 44
Brecht, Mahagonny 21
Brecht, Mutter Courage 49
Materialien zu Brechts ›Courage‹ 50
Duras, Hiroshima mon amour 26
Eich, Botschaften des Regens 48
Eich, Setúbal/Lazertis 5
Eliot, Mord im Dom 8
Eliot, Was ist ein Klassiker? 33
Enzensberger, Gedichte 20
Frisch, Ausgewählte Prosa 36
Frisch, Biedermann 41
Frisch, Don Juan 4
Frisch, Graf Öderland 32
Grass, Hochwasser 40
Gründgens, Wirklichk. d. Theaters
Hacks, Zwei Bearbeitungen 47

Heller, Stud. z. mod. Literatur 42
Hesse, Geheimnisse 52
Hesse, Späte Prosa 2
Hildesheimer, Die Verspätung 13
Hildesheimer, Nachtstück 23
Kasack, Das unbekannte Ziel 35
Kipphardt, Hund d. Generals 14
Krolow, Ausgew. Gedichte 24
Michelsen, Stienz/Lappschiess 39
Nossack, Der Neugierige 45
Nossack, Der Untergang 19
Penzoldt, Zugänge 6
Proust, Tage des Lesens 37
Queneau, Zazie in der Metro 29
Sachs, Ausgewählte Gedichte 18
Sachs, Das Leiden Israels 51
Strindberg, Ein Traumspiel 25
Szondi, Theor. d. mod. Dramas 27
Waldmann, Atlantis 15
Walser, Eiche und Angora 16
Walser, Ein Flugzeug 30
Weiss, Gespräch 7
Wittgenstein, Tractatus 12
Wosnessenskij, Dreieck. Birne 43

Werkausgaben für 5 Mark
Proust, In Swanns Welt 1
Proust, In Swanns Welt 2